correr

para estar en forma

correr
para estar en forma

SEAN FISHPOOL

HISPANO EUROPEA

Asesor Técnico: **Santos Berrocal.**

Título de la edición original: **Beginner's guide to long distance running.**

Es propiedad, 2002
© **Axis Publishing Limited, Londres.**

© de la traducción: **Fernando Ruiz Gabás.**

© de la edición en castellano, 2004:
Editorial Hispano Europea, S.A.
Primer de Maig, 21 - Pol. Ind. Gran Via Sud
08908 L'Hospitalet - Barcelona, España.
E-mail: hispanoeuropea@hispanoeuropea.com

Depósito Legal: B. 31433-2004.

ISBN: 84-255-1540-8.

Consulte nuestra web:
www.hispanoeuropea.com

Agradecimientos
Mi más sincero agradecimiento a mis amigos y colegas Steven Seaton, Steve Smythe, Nick Troop, Bud Baldaro, Peta Bee, Eleanor Grey, Alison Fletcher y Nicola Wright por sus valiosos comentarios durante la redacción de este libro.

Gracias especiales a Asics, New Balance, y Saucony por suministrar zapatillas de carrera; muchas gracias también a Sweatshop por facilitar amable

Fotografía adicional: Mike Good (págs. 32-35).

Se han hecho todos los esfuerzos posibles por citar a todos los que aparecen en este libro, y pedimos disculpas por anticipado por cualquier omisión involuntaria. Tendríamos mucho gusto en insertar el agradecimiento apropiado en cualquier edición posterior de esta publicación.

Impreso en España   Printed in Spain
Limpergraf, S. L. - Mogoda, 29-31 (Pol. Ind. Can Salvatella) - 08210 Barberà del Vallès

índice

correr para estar en forma

introducción

Comenzar a correr debería ser una oferta que no pudieras rehusar. Por el coste de un par de zapatillas de atletismo ya eres socio de un club de salud abierto las 24 horas del día y que siempre está a sólo unos pocos minutos de tu casa. Y, lo que es más importante, es un pasaporte para una parte de ti mismo de la que nunca habías disfrutado hasta ahora, que te convierte en una persona más sana, más relajada y con más confianza. Y las carreras te llevarán a esa nueva identidad más deprisa que cualquier otra actividad.

Los beneficios de correr

Lo mejor con respecto a correr es que puede ser exactamente lo que desees que sea. No hay reglas: puedes correr solo, con un amigo o con diez; puedes correr meramente para despejarte y relajarte al final de la jornada, o puedes seguir un programa para alcanzar distancias y marcas que nunca habías creído que fueran posibles. Cuando corres te unes a más del 15 por ciento de la población de los Estados Unidos y de Europa que ya disfrutan de los beneficios que proporciona el ejer-

esto es lo que correr puede hacer por ti

Perder peso
Correr quema calorías más deprisa que cualquier otra actividad. Un kilómetro de carrera consume unas 70 calorías; una carrera de sólo 30 minutos puede quemar 250-500 calorías.

Tiempo de sosiego
Olvídate de tu lista de obligaciones durante 40 minutos; respira aire fresco y disfruta estando solo con (o sin) tus pensamientos.

Mejor salud
Correr aumenta la inmunidad de tu cuerpo a la enfermedad. Corre 145 minutos a la semana, por ejemplo, y tendrás un 40 por ciento menos de probabilidades de sufrir un ataque al corazón.
Mejora tu nivel de colesterol en la sangre y combate la diabetes, la artritis y la osteoporosis.

Más energía y cuerpo más sano
El ejercicio ayudará a tu cuerpo a trabajar más eficientemente, con mejoría del metabolismo y regeneración de las células. La proporción de magro-grasa de tu cuerpo mejorará, y tus pantorrillas, muslos, caderas y glúteos se harán más fuertes y más bien formados.

Menos estrés
Los corredores son menos propensos a la depresión que las personas sedentarias. Esto es debido, en parte, a las endorfinas que libera el cuerpo, pero también a que se disfrutan los beneficios de lograr algo.

Estilo de vida más sano
Correr hará que reflexiones sobre tu estilo de vida. Es muy probable que adoptes mejores hábitos para dormir, y que renuncies al tabaco y a las bebidas alcohólicas fuertes. Muchos corredores también prefieren comer alimentos más sanos.

Confianza
Te sentirás mejor al saber que estás en forma y motivado para alcanzar tus objetivos de carrera. Esto influirá en otras áreas de tu vida.

Conocimiento de tu cuerpo
Descubrirás cuál es el tipo de esfuerzo al que responde mejor tu cuerpo. Si corres o realizas trabajo de velocidad, comprobarás cómo reacciona tu cuerpo a la presión.

cicio regular para mejorar la salud, quemar grasas y reducir el estrés.

Este libro ha sido diseñado para ayudarte, cualquiera que sea tu capacidad y tus motivos para dedicarte a correr. Hay programas de entrenamiento día a día, tanto para principiantes como para expertos, y encontrarás consejos útiles que te guiarán en todo, desde la compra de tus primeras zapatillas hasta la selección de alimentos a ingerir durante una carrera.

Una de las mejores cosas sobre las carreras (junto con sus beneficios respecto a la forma física) es que es un deporte barato: sólo necesitas un par de buenas zapatillas, shorts y una camiseta para comenzar.

HISTORIA DE UN ÉXITO: sarah yates

Periodista, 34 años, Sarah siempre había ido al gimnasio, pero nunca había conseguido del todo la forma física que buscaba. Ella dudó cuando un monitor le indicó que dedicase más tiempo a la cinta de correr, pero inició un programa y lo siguió. Participó pronto en una carrera local de 5 km y, estimulada por la camaradería que encontró, se propuso participar en una carrera de 10 km dos meses más tarde. Ahora participa regularmente. Corre sus pruebas de entrenamiento tres veces por semana, y procura participar en una carrera de competición cada dos meses.

HISTORIA DE UN ÉXITO: simon jordan

Director de publicidad, 47 años, Simon se dedicó a correr porque tenía un sobrepeso de 13 kg. Tuvo que empezar suavemente al principio, poniéndose gradualmente en forma con breves paseos y natación durante dos meses. Cuando comenzó a incorporar una serie de trotes de dos minutos a sus paseos, se sorprendió de lo natural que se sentía. Durante tres meses más amplió los intervalos de trote hasta que comprobó que podía seguir corriendo 30 minutos sin pausa. A esas alturas ya había perdido 9 kg. Un año más tarde corre felizmente cuatro o cinco veces por semana.

cómo empezar

Después de leer las últimas páginas, probablemente ya estés a medio camino de la puerta de salida de tu casa. Pero si puedes esperar sólo un poco más, podrás reunir toda la información que necesitas para poner unos cimientos duraderos. Esta introducción responde a tus preguntas básicas, asegura que estés listo para empezar a correr con seguridad y te muestra cómo utilizar este libro para llegar a ser un corredor maduro en poco tiempo.

Cómo utilizar este libro

El primer capítulo trata sobre zapatillas, vestimenta y accesorios; comida y bebida; estiramientos y mantenimiento de tu cuerpo en forma; y sobre algo muy importante: la motivación. Estas páginas serán útiles para todos los niveles de corredores. Están diseñadas para su aplicación práctica, sin tener

Llegar a ser un corredor eficaz está al alcance de todos, con independencia de su edad.

que digerir toda la información sentado antes de tu primera carrera.

Más adelante encontrarás seis niveles de entrenamiento (recuerda leer previamente los consejos de seguridad de las páginas 9-11). Algunos corredores empezarán por el primer nivel y progresarán hasta cualquier nivel que su cuerpo y su determinación les lleve. Otros desearán alcanzar un objetivo específico, por ejemplo concluir una carrera de 10 km.

Hay programas para todos: El nivel 1° es para principiantes, mientras el nivel 6° entrenará a corredores expertos para completar un maratón en menos de 3 horas o una carrera de 10.000 m en 35 minutos. Cada nivel contiene programas para carrera y para la forma física, por lo cual es ideal tanto si tienes un objetivo concreto como si meramente deseas hacer ejercicio sin tener que pensar en lo que vas a hacer ese día.

1 nivel inicial

Principiantes absolutos. Cuatro días a la semana de carrera y caminar.

2 nivel iniciados

Corredores relativamente novatos que puedan correr 30 minutos sin parar, de tres a cuatro días por semana.

3 nivel de readaptación

Corredores sin practicar durante algún tiempo y los que puedan correr 25-50 km durante cuatro o cinco días a la semana.

4 nivel intermedio

Corredores regulares que puedan correr 40-50 km durante cuatro a seis días a la semana.

5 nivel superior

Corredores expertos que entrenan de cinco a seis días a la semana, incluyendo a los que desean correr un maratón en 3:30-4:15.

6 nivel expertos

Corredores expertos que entrenan de seis a siete días a la semana, incluyendo a los que desean correr un maratón en 2:45-3:30.

Puedes correr simplemente siguiendo tus instintos, pero es más fácil y más seguro –y mucho más eficaz– seguir algún tipo de programa. Incluso un programa extremadamente sencillo pagará dividendos. ¿Por qué? Porque te pondrá en forma tan deprisa como sea posible, al mismo tiempo que proporcionará a tu cuerpo los días de descanso y de tranquilidad que necesita para fortalecerse y para evitar lesiones.

Un programa te ayudará a evitar el error común de intentar hacer demasiado, y demasiado pronto, lo que conduce frecuentemente al agotamiento; y te permitirá alcanzar tus objetivos (ver págs. 40-41 para comprobar por qué son tan importantes los objetivos).

«PERO...» RESPUESTA A TUS PREGUNTAS

No tengo tiempo

Solamente necesitas 20-30 minutos, tres o cuatro veces a la semana, para beneficiarte de la carrera –ninguna otra actividad es tan eficaz–. Te sorprenderá la facilidad con que te adaptas, especialmente con el apoyo de tu pareja o de tu familia.

¿Estoy demasiado gordo?

No. ¡Hay un corredor en todos nosotros, cualquiera que sea nuestra forma! Sin embargo, si estás más de un 20 por ciento por encima de tu peso ideal, debes empezar paulatinamente combinando un paseo breve regular con ejercicios tales como ciclismo o natación (ver págs. 38-39).

Tengo rodillas o tobillos débiles

Correr puede fortalecer tus músculos y articulaciones. Para ayudar a tus articulaciones, escoge zapatillas que te proporcionen apoyo y amortiguación adecuados (ver págs. 16-17), y corre sobre superficies blandas siempre que sea posible (ver «Las cinco mejores superficies para correr», págs. 10-11).

¿Soy demasiado mayor?

Nunca es demasiado tarde para beneficiarse de la carrera, a menos que tengas una enfermedad que lo impida. Puede verse a corredores aficionados de más de 60 años que participan junto a corredores más jóvenes en carreras de todas las distancias. Correr ayuda a reforzar tus huesos, y a reducir el riesgo de ataques cardiacos, pero consulta con tu médico antes de comenzar si tienes más de 40 años.

¿Soy demasiado lento?

En absoluto –y si necesitas una prueba, sigue una carrera local y observa la amplia variedad de corredores que participan–. Tanto si tardas cinco minutos como diez en completar un kilómetro, eres corredor siempre que sigas poniendo un pie delante de otro.

Tengo una enfermedad

Es cierto que correr quizá no sea conveniente para algunas personas, y que otras tengan que adoptar precauciones especiales. Revisa los consejos de seguridad de la página 11, y consulta con tu médico si tienes cualquier duda.

primeros pasos

Todo corredor tiene que comenzar en alguna parte. Si deseas empezar con buen pie, respeta los principios siguientes, y es probable que no te equivoques.

Unas zapatillas de carrera de buena calidad son imprescindibles para todo el que desee correr cómodamente y evitar lesiones graves.

Fíjate un objetivo

Tanto si es una carrera corta como una larga, si tienes el propósito de perder peso o sencillamente ser capaz de correr 30 minutos sin parar, fíjate un objetivo, anótalo y engánchalo en un sitio bien visible. Haz que el objetivo sea alcanzable, pero importante para ti, y

márcate un calendario para lograrlo. Ésta es una manera garantizada de seguir motivado (ver págs. 40-41 sobre consejos para establecer objetivos).

Zapatillas apropiadas para correr

Compra unas zapatillas apropiadas para correr –es la única compra realmente necesaria, y no tiene que ser cara–. Minimizarán el riesgo de lesiones y ayudarán a que tus primeros pasos de carrera sean una experiencia cómoda. Procura ir a un establecimiento especializado, para asegurarte de que se tienen en cuenta tus necesidades individuales. La indumentaria adecuada para correr hará que te sientas (¡y parezcas!) mejor, pero no es esencial (ver págs. 14-23 para más detalles sobre zapatillas, vestimenta y equipamiento).

las cinco mejores superficies para correr

Sendero blando
Las pistas forestales o de tierra están alfombradas de modo natural, y también es probable que te ofrezcan bellas vistas de paisajes. Por seguridad, corre siempre con un compañero.

Césped
Ésta es otra superficie blanda y cómoda. Es mejor evitar la hierba más larga, ante el riesgo de agujeros ocultos o raíces bajo la superficie.

Pista de atletismo
Quizá no sean emocionantes, pero las pistas de atletismo planas y de superficie bien cuidada tienen la ventaja de que miden exactamente 400 m por vuelta, por lo cual puedes calcular tu ritmo y anotar tus progresos de una semana a otra.

Busca un compañero para correr

Procura persuadir a un amigo para que comience a correr contigo –o intégrate en la sección de principiantes de un club local de atletismo–. El apoyo y la motivación serán muy valiosos.

Medidor de pulsaciones (pulsómetro)

Un buen medidor de pulsaciones cuesta menos que un par de zapatillas, y puede ser de verdadera ayuda para constatar que corres a un ritmo adecuado para ti. (Ver pág. 22 sobre más detalles para escogerlo, y página 48 sobre consejos sencillos y eficaces para entrenar con uno).

¡En marcha!

No esperes más. Si has pasado el control de seguridad y has adquirido unas zapatillas adecuadas, pasa al primer día de tu programa, y progresa desde hoy.

SEGURIDAD EN PRIMER LUGAR

■ ¿Tienes alguna enfermedad cardiaca?

■ ¿Hay algún historial de enfermedad cardiaca en tu familia?

■ ¿Te han dicho alguna vez que sólo tienes que hacer el ejercicio físico que te recomiende un médico?

■ ¿Sientes dolor en el pecho cuando estás activo físicamente?

■ ¿Has tenido alguna vez dolor en el pecho estando inactivo?

■ ¿Alguna vez has perdido el equilibrio debido a vértigo?

■ ¿Tienes algún problema de huesos o articulaciones?

■ ¿Tomas medicinas para la tensión de la sangre?

Si has respondido «sí» a alguna de estas preguntas, consulta con un médico antes de realizar un ejercicio enérgico.

■ Además, ten especial cuidado en progresar gradualmente en tu entrenamiento y escucha a tu cuerpo si tienes más de 40 años, o si no has hecho ejercicio regularmente en los últimos cinco años.

EVITAR

Asfalto
No es la superficie más blanda, pero tampoco la más dura –y es lisa–. Lo ideal es no recorrer más de los dos tercios de tu distancia sobre asfalto, y calzar siempre buenas zapatillas para evitar lesiones.

Cinta graduable de carrera
Blanda, llana y segura, esta cinta mecánica tiene ventajas, aunque carezca de la distracción de correr al aire libre. Su acción puede desequilibrar ligeramente los músculos utilizados en la carrera, por lo cual se ha de complementar con entrenamiento de fuerza y carrera en pistas o caminos siempre que sea posible. Es excelente para los que se recuperan de una lesión.

Hormigón
Esencialmente consiste en guijarros triturados, y es la superficie más trepidante que tu cuerpo puede encontrar.

Superficies peraltadas
Las carreteras están peraltadas en los bordes, para permitir el drenaje. Si el peralte es pronunciado, puede perjudicar a tu cuerpo con el tiempo. Evita peraltes exagerados si es posible y, como mínimo, cambia de dirección para compensar con tanta frecuencia como puedas.

1

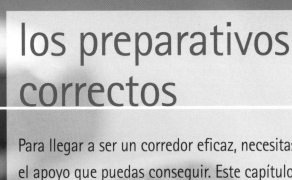

los preparativos correctos

Para llegar a ser un corredor eficaz, necesitas todo el apoyo que puedas conseguir. Este capítulo te proporciona ese apoyo y te facilita toda la información que necesitas sobre los alimentos adecuados (tanto en el entrenamiento como en los días de carrera), sobre cómo evitar lesiones, intercalar ejercicios complementarios para una mejor forma física, y utilizar las mejores prendas y zapatillas para ayudarte a ser un corredor competitivo y cómodo.

Y, lo más importante, también puedes aprender a fijar objetivos y motivarte personalmente durante muchos años de carreras felices y eficaces.

un par de zapatillas

Encontrar el par correcto de zapatillas para correr puede llevar algún tiempo, pero siempre compensa. Escoger un par fijándose sólo en el precio o en la apariencia supone grandes probabilidades de sufrir problemas. Sigue este consejo y dirígete a un establecimiento especializado, y así no te equivocarás.

El ajuste es prioritario

No llegarás lejos con zapatillas que se ajusten mal. Para la mayoría de corredores, una parte delantera ancha (para dejar espacio para los dedos del pie) y una parte posterior estrecha (para sujetar bien el talón y el tobillo) constituyen una buena combinación en una zapatilla. Recuerda que necesitarás aproximadamente la anchura de un pulgar entre tu dedo gordo y la punta de la zapatilla para mantener a raya las ampollas –muchas personas comprueban que necesitan una talla mayor en las zapatillas de correr que en su calzado normal–. Es muy útil conocer los puntos básicos antes de comprar unas zapatillas para correr.

Una zapatilla según tus necesidades

Una buena zapatilla combina amortiguación (para reducir el impacto sobre tus articulaciones y tejidos) y estabilidad (para mantener tu cuerpo correctamente alineado). El grado de estabilidad que necesites dependerá de tu modo de andar –o sea, el movimiento de tu pie cuando pasa por el ciclo de golpear el suelo e impulsarte con los dedos (ver pág. 95)–. Si tus pies giran demasiado hacia dentro («superpronación»), debes añadir estabilidad para limitarlo. Si tus pies no giran hacia dentro tanto como debieran («subpronación» o «supinación»), necesitas mucha amortiguación para estimular el movimiento.

Si tus pies son normales, puedes elegir unas zapatillas intermedias. Un depen-

unos consejos para encontrar las zapatillas adecuadas

COSTE

El coste no es una indicación de calidad. Hay algunas zapatillas buenas a precios bajos, especialmente si no tienes problemas de estabilidad o eres un corredor que hace pocos kilómetros.

ESTILO

No compres unas zapatillas deportivas para uso general. Las zapatillas especiales para correr han sido diseñadas para satisfacer las demandas de la carrera, y son imprescindibles si quieres ir cómodo.

PRUEBA

Prueba las zapatillas antes de comprarlas para asegurarte de que son adecuadas para ti. Algunas tiendas tienen una cinta o permiten que trotes por el interior (y, si está seco, incluso por el exterior).

PESO

Quizás una zapatilla ligera parezca ideal, pero puede propiciar una lesión, ya que posiblemente no proporcione la amortiguación y la estabilidad que necesitas para el entrenamiento cotidiano.

diente de una tienda especializada o un experto en biomecánica puede ayudarte a analizar tu modo de andar (ver págs. 16-17: «Selección natural», para más información al respecto).

Al buscar zapatillas, encontrarás numerosos nombres técnicos (tales como Asics Gel o Nike Air). Muchos de ellos se refieren a diversas características patentadas de amortiguación y estabilidad insertadas en las medias suelas almohadilladas de las zapatillas, pero no te preocupes mucho por esas sutiles diferencias –la construcción general y la sensación de la zapatilla es mucho más importante–. Si tienes dudas, ves a un establecimiento especializado donde te aconsejen profesionalmente. Si el personal no sabe explicarte la pronación y la construcción de la zapatilla, vete a otro lugar dónde sí puedan hacerlo.

¿Cuánto deben durar mis zapatillas?

La duración de unas zapatillas depende del corredor, del tipo de zapatilla y de la superficie de carrera. El desafío para el corredor es que no siempre puede ver cuándo hay desgaste y cuándo es necesario sustituirlas. Generalmente la media suela es la primera parte que se rompe (es la capa gruesa de espuma entre la plantilla extraíble y la suela exterior de caucho duro). Esto reduce la amortiguación y la estabilidad de la zapatilla, lo cual te expone al riesgo de lesiones. Procura llevar un registro de tu kilometraje, y estar atento a dolores o molestias aparentemente inexplicables. También puedes buscar indicios tales como una

inclinación distinta de la zapatilla al apoyarte sobre una superficie plana y una media suela quebradiza o muy arrugada.

Algunos corredores desgastan prematuramente la parte superior o las suelas de una zapatilla, pero generalmente estas áreas no son un indicador fiable de su perspectiva de vida. Por lo general, cuanto más peses, y cuanto más ligera sea la zapatilla, más pronto perderá su amortiguación y estabilidad. Además, cuanto más blanda sea la superficie sobre la que corras (la hierba, por ejemplo, es excelente), más tiempo durará la media suela y la suela exterior. Los corredores y las zapatillas varían tanto que es imposible generalizar sobre la duración, pero como promedio puedes esperar unos 650 km de buen rendimiento para unas zapatillas. A un corredor pesado podrían durarle sólo 400-500 km, y un corredor ligero y eficaz podría superar los 950 km de duración.

Estas zapatillas de correr contienen gel en la parte delantera y en el talón para proporcionar una amortiguación extra.

selección natural

Las zapatillas de correr se dividen en tres clases principales, que reflejan tres tipos diferentes de biomecánica. Hay también tres clases más para tipos especializados de carreras. Idealmente es mejor que un especialista o un experto en calzado deportivo analice tu biomecánica. Si eso no es posible, una zapatilla de estabilidad estándar es un buen punto de partida. Recuerda que aunque el precio no es una garantía de calidad, se suele obtener según lo que se paga, pero tu prioridad debe ser encontrar una zapatilla que se ajuste bien y que sea apropiada para tus necesidades.

Cuidado de tus zapatillas

Para aumentar al máximo la vida de tus zapatillas, guárdalas en un lugar fresco y seco y lávalas a mano. No las introduzcas nunca en una lavadora con detergente o en una secadora, pues eso las perjudicaría. Si se han mojado, sécalas a temperatura ambiente.

◄◄ con amortiguación

Estas zapatillas son excelentes para corredores sin problemas biomecánicos, o para personas con pies rígidos. A menudo es la clase más ligera y blanda. Obsérvese que todas las zapatillas de carrera llevan amortiguación, no sólo este tipo en particular.

zapatillas de rendimiento ►►

Son unas zapatillas para ritmo rápido, con menos amortiguación y apoyo que las zapatillas cotidianas. Las utilizan los corredores más rápidos y ligeros para entrenamientos intensos, o corredores normales para carreras y trabajos de aceleraciones. Suelen pesar entre 280 y 320 g para una talla 9 de EE.UU. (talla 8 del Reino Unido).

◀◀ control de movimiento

Éstas son zapatillas para trabajo duro para corredores cuyos pies no se apoyan bastante hacia dentro («subpronación»), y para corredores más pesados que necesitan apoyo máximo.

carreras ▶▶

Son zapatillas minimalistas, con muy poco peso y máxima sensibilidad. Han sido diseñadas para corredores ligeros y eficaces, y algunas sólo están adaptadas para distancias cortas. Suelen pesar entre 200 y 260 g.

◀◀ estabilidad

Zapatillas con algunas características de estabilidad añadidas, para corredores cuyos pies tienden a apoyarse demasiado hacia dentro («superpronación»). Para muchos, proporcionan una mezcla ideal de suavidad y de apoyo.

senderos ▶▶

Las zapatillas para sendero tienen agarre añadido para terrenos blandos o embarrados. Sólo hay unos pocos tipos que funcionen realmente bien. Las zapatillas claveteadas son una versión extrema. Son ligeras, con amortiguación y apoyo limitados, pero con extraordinaria tracción.

mantente fresco

Puedes correr con una vieja camiseta de manga corta y shorts, siempre que ambos sean holgados, pero unas prendas especializadas para correr resultan más cómodas, y pueden hacer que te decidas a correr más frecuentemente. Elige fibras sintéticas, son más ligeras y más calientes que el algodón ante la humedad, y muchas están diseñadas especialmente para eliminar el sudor de la piel y producen una sensación más seca.

vestidos básicos en verano

En verano necesitarás prendas ligeras y frescas que no te limiten. La mayoría de corredores consideran suficiente una camiseta sin mangas y unos shorts. Las prendas fabricadas con fibras sintéticas, como poliéster, son mejores, pues no hacen sudar tanto como las de algodón.

Sujetador deportivo

Tanto en verano como en invierno es una prenda necesaria para las mujeres (con independencia de la talla de busto). Un sujetador normal reduce el movimiento de los pechos aproximadamente un 35 por ciento, pero un buen sujetador deportivo logra hasta un 60 por ciento. Hay diferentes tamaños de copas y las mayores son moldeadas. En cualquier caso se debe escoger un sujetador diseñado para actividades de alto impacto.

Shorts de carrera

Los shorts normales de carrera tienen una capa externa ligera (generalmente con un corte lateral para una mayor libertad de movimiento) y un reducido slip interno. Si tienes propensión a rozaduras en las piernas, puedes llevar unos shorts ciclistas de licra debajo de los shorts de carrera. Cualquier opción debe ser ligera, seca y cómoda.

Leotardos

En los anocheceres fríos de verano quizá prefieras llevar un par de leotardos o mallas de carrera. Generalmente están hechos de licra y son muy cómodos.

Calcetines técnicos

Están hechos de fibras esponjosas para mantener secos los pies. Busca un modelo adaptable, posiblemente una mezcla de lana y nylon para condiciones húmedas, en las que permanecen cálidos y cómodos.

Chaleco esponjoso

En los meses más calurosos de verano, muchos corredores prefieren llevar un chaleco esponjoso sin mangas. Los chalecos absorbentes trasladan el sudor de la piel a la superficie exterior del tejido, donde se evapora.

Camiseta esponjosa

Al igual que los chalecos esponjosos, las camisetas absorbentes sin mangas producen sensación de frescor y comodidad en contacto con la piel, y son una buena alternativa al algodón, que se vuelve pesado y húmedo cuando se suda.

cómo superar a los elementos

A pesar del frío y la lluvia, correr en invierno puede ser una experiencia verdaderamente única y agradable (¡aunque no del todo!). Ten presente tres consejos (ver pág. siguiente) y disfrutarás corriendo en invierno tanto como en verano.

prendas básicas en invierno

Para correr en invierno, tus prendas deben ser ligeras, pero protectoras. Un chandal ligero, leotardos y una camiseta térmica con manga larga son esenciales. Un chaleco, o una camiseta sin mangas, restringe menos los movimientos y son muy útiles en tiempo más suave.

Chaqueta ligera de chándal

Los corredores sudan mucho, por lo tanto, la parte superior del chándal transpirable, que deje escapar el sudor, es una opción cómoda. Ha de ser impermeable y proteger frente al viento, lo cual ayuda a prevenir un enfriamiento. La mayoría de corredores evitan las prendas totalmente impermeables, debido a que hacen que el cuerpo se caliente y sude. Tejidos técnicos, tales como Klimate, impiden que pase el agua, pero transpiran, de modo que se evapora el sudor.

Prenda superior ligera y térmica

También conocida como «capa básica», es una camiseta de fibra sintética tejida para atrapar aire caliente en su interior. Puedes llevar una capa base cerca de tu piel, sola en días suaves, o debajo de otra capa en mal tiempo. Por comodidad, es mejor que ajuste bien.

Leotardos o pantalones de chándal

Un par de leotardos ceñidos, o pantalones de chándal ligeramente más holgados con ajuste elástico en los tobillos, son más ligeros, secan más pronto que los de algodón y tienden a ser más cálidos especialmente en tiempo húmedo.

Chalecos

Los chalecos, ligeros y sin mangas, tienen legiones de corredores partidarios de ellos. Mantienen cálido el centro de tu cuerpo, no restringen el movimiento de tus brazos y permiten que el torso esté bien ventilado. Generalmente protegen del viento y de la lluvia.

Traje impermeable

Algunos corredores prefieren la protección de un chubasquero ligero, totalmente impermeable, aunque pueda hacerles sudar un poco. Los pantalones impermeables también puede utilizarse en tiempo frío y tormentoso.

correr con comodidad

EVITA EL ALGODÓN. Acumula humedad y no la elimina. Eso te produce incomodidad y, lo que es más importante, roba calor valioso a tu piel. En su lugar, elige fibras sintéticas tales como el poliéster. Permanecen más calientes cuando están mojadas porque no absorben la humedad, y a menudo se han diseñado para trasladar la humedad de la piel a la cara exterior del tejido, donde puede evaporarse. (Más información sobre camisetas esponjosas, en página 19).

NO TE ABRIGUES EN EXCESO. Descubrir el equilibrio correcto entre estar demasiado frío y demasiado abrigado es todo un arte, pero hay que planificar estar algo frío al salir de casa –después de correr unos cuantos minutos, pronto te calentarás–. Si ya has calentado al empezar, seguro que sudarás en algún momento durante tu carrera.

USA EL PRINCIPIO DE LAS CAPAS. Esto significa llevar dos o más capas delgadas con preferencia a una sola gruesa, lo cual te proporciona la versatilidad de poder añadir o sacar una capa según cambie tu temperatura corporal. La mayoría de corredores no necesitan más de dos capas, y a menudo consideran una combinación adecuada un chaleco y una chaqueta de chándal ligera. Los cuellos con cremallera también contribuyen a la ventilación.

Prendas reflexivas

En las noches oscuras, es necesario ser claramente visible por el tráfico. Puedes comprar un chaleco ligero reflectante por poco dinero. Además, muchas zapatillas, chándales y prendas deportivas llevan elementos reflectantes.

ayudas para el corredor

Hay muchos artículos diferentes que pueden ayudarte en tus carreras, especialmente si te preparas para una competición. Los cronómetros para calcular los tiempos de tus vueltas son útiles para controlar tus progresos de una carrera a otra y de una semana a otra. Muchos corredores utilizan contadores de pulsaciones (pulsómetro), útiles para verificar si conviene acelerar o ralentizar según el tipo de carrera. Otros artículos, tales como gorra térmica y guantes, son útiles, dependiendo de las condiciones atmosféricas. Aparte del equipamiento que se presenta en estas páginas, a muchos corredores les gusta llevar un cuaderno de entrenamiento para anotar su progreso. Es muy útil si te preparas para una carrera, pues puedes anotar los detalles y las fases claves de anteriores entrenamientos y verificar las condiciones a medida que se produzcan.

◄◄ contador de pulsaciones (pulsómetro)

Te ayudará a verificar tu ritmo cardiaco en una sesión determinada. Hay modelos que van de ser sólo contadores de pulsaciones hasta otros que calculan tus zonas de entrenamiento, cuentan las calorías quemadas y almacenan la lectura de tus pulsaciones para posteriores consultas.

cronómetro cuenta-vueltas ►►

Un reloj digital que pueda registrar los tiempos de tus vueltas es útil para marcar tu progreso y ayudarte a conocer el ritmo. En las carreras, puede indicarte si estás ajustado en tu paso por cada marcador de kilómetros. La mayoría de esos relojes incorporan memorias de 8 a 300 vueltas.

◀◀ riñonera

Debe ser estable y ajustarse bien alrededor de la cintura. Puede utilizarse para llevar geles, caramelos y otras cosas. Algunas permiten llevar una botella con agua.

gorra y gorro ▶▶

El modo más fácil de perder calor en una carrera en invierno es a través de la cabeza, por lo cual un gorro térmico puede marcar una gran diferencia. Y si corres bajo el sol de verano, una gorra ligera con visera es útil para proteger la cabeza de los rayos nocivos.

◀◀ botella de agua

Si entrenas durante más de 30 minutos, debes beber de vez en cuando mientras corres (ver pág. 27). Hay botellas de agua del tipo que usan los ciclistas, que se pueden llevar sujetas por un cinturón, y otras para sujetar con la mano, aunque se ha de tener cuidado para que las botellas más grandes no produzcan desequilibrio en el estilo de correr.

guantes ▶▶

Unos guantes ligeros térmicos pueden marcar una tremenda diferencia cuando corras en invierno, ya que gran parte del calor corporal se pierde a través de las manos. También se pueden usar durante una carrera para una fácil regulación de la temperatura. Muchos de ellos son de colores reflectantes.

dieta: grupos de alimentos

Comer es un placer, y queremos que siga siéndolo. Con unos cuantos principios orientativos básicos, tu dieta puede proporcionarte todo el carburante necesario y los elementos adecuados para un estilo de vida activo y gratificante.

Correrás bien y te sentirás en forma sin tener que hacer nada extraordinario. En las páginas siguientes aprenderás a seguir una dieta equilibrada en la comida y la bebida. Examina estos cinco grupos principales de alimentos.

grupos de alimentos

Carbohidratos

Los carbohidratos son alimentos esencialmente energéticos. Hay dos tipos principales: simples (azúcares) y complejos (fundamentalmente almidones), y se necesita un equilibrio de ambos para estar sano. El índice glucémico (ver pág. 95) de un alimento –no sólo el contener carbohidratos simples o complejos– determina la velocidad con que se libera la energía en el cuerpo. Los alimentos con un índice glucémico alto (que proporcionan un aumento rápido de azúcar de la sangre) incluyen pan y patatas, así como plátanos, uva y azúcares tales como glucosa. Los alimentos con índice glucémico moderado incluyen pasta italiana, avena, naranjas y pasteles, y los alimentos con índice glucémico bajo incluyen manzanas, higos, ciruelas, legumbres, productos lácteos y fructosa.

Frutas y verduras

Las frutas y las verduras son fuentes energéticas nutricionales. Si comes al menos cinco porciones al día satisfarás la cuota del cuerpo en cuanto a vitaminas A y C, y ganarás potasio, fibra y carbohidratos. Las verduras de hojas verdes oscuras incluyen mucho hierro, que es beneficioso para la sangre. El bróculi, las espinacas, los pimientos, los tomates y las zanahorias son opciones particularmente buenas.

Proteínas

Las proteínas ayudan a tu cuerpo a construir y mantener músculos, tendones y fibras. Las fuentes más notables son la carne y el pescado (que contiene también el mayor número de aminoácidos esenciales). Las proteínas vegetales también son importantes, y los guisantes, las judías, los frutos secos, las lentejas y las semillas pueden proporcionar los requisitos diarios. Se necesitan dos raciones de proteínas al día.

control de peso ▶▶

Si deseas un plan que te garantice perder peso, prueba éste: más ejercicio y comer de modo más sano. Es más fácil decirlo que hacerlo, pero casi todos los que se dedican a correr pierden peso. Además, comer de modo más sano no significa comer menos, sino sólo comer equilibradamente.

Grasas

Las grasas son esenciales para el adecuado funcionamiento celular, para la protección de los órganos internos, y para transportar las vitaminas liposolubles A, D, E y K. La mayoría de nosotros comemos más grasas de las necesarias, pero si limitas drásticamente tu ingestión, corres el riesgo de perjudicar a tu cuerpo.

Leche y productos lácteos

Los alimentos lácteos ayudan a mantener fuertes los huesos, porque son altos en calcio, y contienen además proteínas y riboflavina, utilizadas en el metabolismo. Todos los corredores necesitan calcio, pero especialmente las mujeres menores de 20 años y las mayores de 50, que deben tomar cuatro raciones diarias. Una ración equivale a un yogur desnatado, tres rodajas de queso, o un vaso pequeño de leche. Las conservas de pescado y el brócoli también contienen calcio.

1 contempla de modo realista lo que comes

Una manera de evitar malos hábitos alimenticios es planificar por anticipado tu comida diaria. Toma bocadillos sanos y frutos secos y evita las máquinas expendedoras.

2 efectúa pequeños cambios

Cambia gradualmente tu dieta: pásate a la leche desnatada en vez de entera, y sustituye una o dos comidas de carne roja a la semana por alternativas vegetales.

3 come poco y frecuentemente

Varias pequeñas comidas sanas al día queman más calorías y mantienen mejor abastecido al cuerpo que pocas comidas abundantes.

4 corre más

Cada kilómetro que corres, consumes unas 60 calorías, independientemente de la velocidad. Progresa lentamente, y si ya corres en tu límite de seguridad, considera la posibilidad de añadir otra actividad a tu rutina.

5 corre intensamente

Si aumentas la intensidad de tus carreras quemas más calorías. Una vez hayas llegado a ser un corredor regular, incorpora a tu rutina trabajo de velocidad, pendientes o carreras por intervalos a tu rutina.

Recuerda que el principio de déficit de calorías funciona mejor con moderación. Quemar al día 500 calorías más de las que ingieres, por ejemplo, te proporciona una pérdida de peso segura y mantenible de medio kilo por semana. Si te acercas a un déficit de 1.000 calorías al día, o lo sobrepasas, tu cuerpo desarrollará mecanismos de defensa para retener tanto peso como sea posible. Además, pasarás mucho tiempo sintiendo hambre y te volverás aletargado y probablemente irritable.

restauración en torno a la carrera

comida

Cuando corres, tu cuerpo obtiene su energía del glucógeno muscular fácilmente accesible (carbohidratos almacenados procesados), y de las reservas de grasa menos accesibles. Todos tenemos reservas de grasa, pero necesitamos asegurar que nuestro nivel de glucógeno sea alto antes, durante y después de nuestras carreras. Ahí es donde empieza la alimentación inteligente.

antes de la carrera

Algunas personas pueden correr dentro de los 30 minutos posteriores a la ingestión de alimento; otras necesitan haber comido varias horas antes para hacer ejercicio cómodamente. Comer antes de la prueba no es esencial en carreras de menos de una hora, pero las pruebas de distancia más larga exigen un poco de planificación. Un poco de energía fácilmente disponible marca una diferencia. –un panecillo y un vaso de zumo de fruta van bien para la mayoría de personas–. Recuerda que hay que evitar demasiadas grasas y proteínas, pues son difíciles de digerir.

durante la carrera

Puede valer la pena repostar energía en carreras que duren más de 45 minutos, y entre repeticiones en sesiones de velocidad breves e intensas. Es esencial mantener cómodo el estómago, por tanto evita alimentos sólidos, excepto quizá algunos fáciles de digerir, tales como barritas deportivas y bombones de gelatina azucarada. Considera el consumo de bebidas deportivas (ver pág. 31).

después de la carrera

Comer 30-60 minutos después de una carrera ayuda a minimizar la rigidez y el estado dolorido, especialmente después de un duro esfuerzo. Diversos estudios han demostrado que la mejor receta para la recuperación muscular son los líquidos, más una comida que incorpore carbohidratos y cerca de un 30 por ciento de proteínas. Se pueden comprar bebidas y barritas especiales para la recuperación, aunque un bol de cereales con leche desnatada y un plátano constituye una buena alternativa casera.

bebida

Los corredores no beben bastante. El cuerpo necesita agua para casi todas sus funciones, incluyendo la liberación de energía y el control de temperatura. Sin embargo, cuando bebemos menos nos asombramos de por qué encontramos que entrenarse y correr es un trabajo realmente duro. Incluso en días inactivos debes intentar beber ocho vasos de agua al menos. Y cuando corres necesitas más. Cuando hace calor tu cuerpo puede perder casi dos litros por medio del sudor en una hora, lo cual es suficiente para empeorar notablemente el rendimiento.

antes de la carrera

Debes estar bien hidratado antes de la carrera. Esto no significa que hayas de beber mucha agua inmediatamente antes de ella, sino que debes beber pequeñas cantidades frecuentemente durante el día, y especialmente la tarde y noche antes de una carrera larga por la mañana. Procura beber medio litro de agua media hora antes de iniciar el entrenamiento.

durante la carrera

Normalmente no necesitarás beber en carreras de menos de una hora, pero en días calurosos puede ser realmente peligroso no rehidratarse con regularidad. Cuando bebas, da pequeños sorbos en vez de grandes tragos. En las carreras largas, una regla segura es tomar un vaso pequeño de líquido cada 15 o 20 minutos.

después de la carrera

Para restaurar el equilibrio de líquido, tu cuerpo necesita ingerir el doble del agua que pierdes por el sudor. Acostúmbrate a beber más de lo normal durante al menos las dos o tres horas siguientes a la carrera, y bebe agua o bebidas isotónicas que contengan sodio y niveles bajos de carbohidratos. Si te pesas antes y después de una carrera sabrás exactamente la cantidad de líquido que has perdido: 1 kg equivale a 1 litro. Sabrás cuándo estás hidratado correctamente por el color claro de tu orina.

una dieta equilibrada

El cuerpo de un corredor necesita una combinación de carbohidratos, proteínas y grasas para mantener su energía y su salud. Lee el diagrama de esta página con referencia al equilibrio correcto y ejemplos de alimentos ideales. Recuerda que los porcentajes se refieren a calorías y no a peso. Esto es muy importante, porque 100 g de grasa contienen más del doble de calorías que 100 g de carbohidratos o de proteínas. En realidad es sencillo: quema más calorías de las que ingieres, y perderás peso.

Grasas bajas frente a calorías bajas

Así pues, ¿por qué nos preocupamos por si las calorías de nuestra dieta provienen de carbohidratos o de grasas? Pues en parte debido al colesterol nocivo asociado con muchas grasas, pero también a que casi no se requiere esfuerzo para convertir la grasa excesiva de la dieta en grasa corporal.

En cambio, el 25 por ciento de las calorías excesivas de los carbohidratos se queman en el proceso de conversión.

¿Por qué no podemos ser más concretos sobre la cantidad de gramos de carbohidratos, proteínas y grasas que necesita el cuerpo cada día? Pues porque tus requisitos diarios de calorías dependen de muchos factores, entre ellos tu metabolismo, tus niveles de ejercicio y tu sexo, así como tu peso (ver «Tus necesidades de calorías» en la página siguiente, a la derecha).

NECESITAS	POR TANTO, COME LO SIGUIENTE
carbohidratos	
60-70 por ciento Aproximadamente 4-6 g por kg de peso corporal al día.	Pasta, arroz, patatas, avena, plátanos, uvas pasas, higos, ciruelas.
proteínas	
15 por ciento Aproximadamente 1-1,5 g por kg de peso corporal al día.	Carne, pescado o marisco, productos lácteos, frutos secos, guisantes, alubias y lentejas.
grasas	
15-25 por ciento (40 por ciento monoinsaturadas, 40 por ciento poliinsaturadas, 20 por ciento saturadas) Aproximadamente 0,4-1,1 g por kg de peso corporal al día.	Grasas, aceites, mantequilla, cacahuetes, aguacates y productos lácteos, tales como leche entera y yogur.

Los expertos sugieren que, durante las carreras más largas, los corredores deben comer alrededor de 55 gramos de carbohidratos por cada hora de carrera.

Lamentablemente esto no significa que una etiqueta de «bajo en grasa» sea una luz verde para un hartazgo, pues el restante 75 por ciento de las calorías excesivas de los carbohidratos también se almacenan.

TUS NECESIDADES DE CALORÍAS

Puedes calcular tus necesidades aproximadas de calorías diarias de esta manera:

1   **índice metabólico basal**

Es el número de calorías que tu cuerpo consume en reposo.

HOMBRES:
24 calorías por kg de peso corporal

MUJERES:
22 calorías por kg de peso corporal

2   **estilo de vida**

Sumar el 30-40 por ciento por ocupación sedentaria.
Sumar el 50-60 por ciento por ocupación activa.

3   **ejercicio**

Sumar 60 calorías por cada kilómetro recorrido,
Por ejemplo, un hombre con un peso de 68 kg tendría un índice metabólico basal de aproximadamente:

1.632 calorías (24 × 68)

Tendría que añadir el 30 por ciento por ocupación muy sedentaria (490 calorías), y 500 calorías por kilómetro diario. Eso da una necesidad diaria de calorías de aproximadamente:

2.622 calorías

Estas cifras son meramente orientativas. Tu índice metabólico basal, y también la eficiencia con que tu cuerpo extrae calorías de los alimentos son factores muy individuales.

comer para un maratón

Comer adecuadamente es el toque final de la preparación cuidadosa de un maratón. He aquí todo lo que necesitas saber:

Los días anteriores a la carrera
Los corredores solían quedarse deliberadamente con hambre de carbohidratos hasta siete días antes del maratón, y luego se atiborraban en los últimos días con la esperanza de llenar al máximo sus depósitos musculares de glucógeno. Sin embargo, ahora los científicos deportivos recomiendan comer una dieta equilibrada de hasta el 70 por ciento de carbohidratos en la última semana. No necesitas comer más de lo habitual: a medida que tu entrenamiento disminuye en los últimos días, almacenas automáticamente un excedente de energía.

La noche antes del maratón
Toma una comida alta en carbohidratos, baja en grasas y moderada en proteínas. La pasta con salsa de tomate es una opción clásica y eficaz. No comas hasta el punto de incomodidad –entre 800 y 1.000 calorías es suficiente–. Bebe bastante, especialmente el penúltimo día.

La mañana de la carrera
Bebe medio litro de agua tan pronto como te levantes, luego toma sorbos durante el día de la carrera. Desayuna, incluso si eso exige levantarse un poco antes para poder hacer la digestión. Come algo bajo en grasas, que ya hayas probado en otras carreras largas de entrenamiento: muesli, cereales de avena,

recuerda

La deshidratación debida a la pérdida de líquido es una de las causas principales de la «pájara» de los corredores durante un maratón. Por tanto, sigue tomando líquido aun cuando no tengas sed.

BUENOS TENTEMPIÉS

albaricoques secos
fruta fresca
palomitas de maíz saladas,
   sin mantequilla
higos secos
barrita de chocolate
   (pero sólo una...)
galletas

tostadas y panecillos son alimentos ideales para antes de la carrera.

Durante la carrera

Debes hacerte el propósito de reemplazar 600 calorías durante la carrera para evitar un agotamiento súbito y caer en lo que los corredores llaman la «pájara». Las bebidas energéticas y los jarabes son ideales (ver abajo). También es crucial que bebas regularmente para evitar la deshidratación y el agotamiento.

Después de la carrera

Restaura los suministros de energía a tu cuerpo tan pronto como sea posible si deseas recuperarte pronto y con el mínimo de molestias (ver los consejos de págs. 26-27).

SUGERENCIA DE COMIDAS PARA LA SEMANA DEL MARATÓN

desayuno

Panecillo con miel.
Zumo natural de naranja o frutas.
Cereales con leche desnatada.

Gachas de avena con leche con uvas pasas y miel.
Zumo natural de naranja o frutas.

almuerzo

Patatas hervidas con alubias cocidas y un poco de queso gratinado.
Ensalada de fruta fresca.

Bocadillo de pollo, ensalada y pimiento.
Medio melón dulce.

cena

Entrante: Sopa de verduras y un panecillo.

Principal: Rodaja gruesa de pescado con salsa ligera de vino blanco, espinacas y patatas.

Postre: Mousse de queso tierno, limón y frutos secos.

Entrante: Salmón ahumado y limón.

Principal: Pasta integral con anchoas, tomates secos y un poco de aceite de oliva; pan tierno.

Postre: Yogur.

BEBIDAS ENERGÉTICAS, JARABES Y BARRITAS

Si vas a un establecimiento de artículos deportivos, verás una amplia gama de polvos energéticos en distintos envases dirigidos a los corredores. Pueden ser útiles, pero ¿los necesitas? Estos datos verídicos te orientarán al respecto:

bebidas energéticas

Generalmente son isotónicas (fácilmente digeribles) y a menudo contienen sodio para acelerar la rehidratación. Las bebidas preparadas con carbohidratos complejos (tales como maltodextrina) pueden mezclarse. Son buenas a concentraciones altas antes y durante las carreras largas. Puedes prepararlas en casa añadiendo una pizca de sal al zumo de frutas diluido.

jarabes energéticos

Son soluciones concentradas de carbohidratos que no requieren masticación y que aportan alta energía con respecto a su pequeño volumen. Son muy adecuados para carreras largas, aunque se debe tener acceso al agua, pues casi todos los jarabes son indigeribles sin ella.

barritas energéticas

A menudo apenas son algo más que sabrosos bocaditos bajos en grasa, aunque es innegable que son cómodas. Como todos los sólidos, es mejor no comerlas durante la carrera. Algunas contienen proteínas, vitaminas y minerales, lo cual las hace útiles como alimentos de recuperación, pero hay que evitar las que contengan más del 30 por ciento de proteínas. Los panecillos o los higos secos son alternativas populares bajas en grasa.

calentamiento, recuperación 1

Recuerda trotar lentamente al final de una carrera dura. Eso te ayudará a la recuperación muscular y reducirá el riesgo de lesiones.

Empezar lentamente una carrera permite que tus músculos se alarguen gradualmente y alcancen una adaptación de esfuerzo que minimice el riesgo de lesiones. Corre sin esforzarte unos 5-10 minutos antes de alcanzar tu ritmo normal, y practica estiramientos si vas a hacer trabajo de velocidad. Si lo primero que haces por la mañana es correr, caminar un par de minutos incluso antes de trotar es una buena idea, pues tu cuerpo frío tendrá un margen muy limitado de movimiento. Al final de carreras rápidas, corre suavemente cinco minutos para reducir las molestias posteriores. Y no acabes tus carreras con un sprint hasta la puerta de casa, pues esto cargaría tus músculos con productos nocivos de desecho, tales como el ácido láctico.

estiramiento

Los músculos rígidos se desgarran más fácilmente que los flexibles. Por lo tanto, debes pensar en el estiramiento regular como un seguro contra lesiones. Sigue esta rutina de ocho estiramientos para mantenerte flexible.

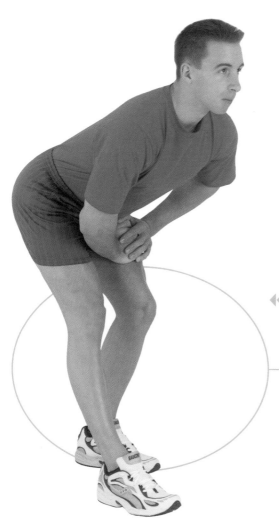

◄◄ estiramiento de los isquiotibiales

Mantén una pierna estirada. Dobla la pierna de apoyo por la rodilla y reposa ambas manos sobre el muslo para sostener tu peso. Inclínate ahora hacia delante desde las caderas, manteniendo recta la espalda. Sentirás un estiramiento a lo largo del tibial de tu pierna estirada.

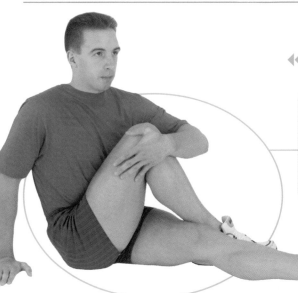

estiramiento de los glúteos

Siéntate en el suelo. Traslada el tobillo de tu pierna derecha hasta detrás de tu rodilla izquierda, mientras utilizas la mano izquierda para sostener tu pierna en posición. Apoya firmemente tu mano derecha en el suelo para el equilibrio. Sentirás un estiramiento en los músculos al lado de los glúteos. Repite por el otro lado.

estiramiento de los gemelos

Mantén recta la pierna derecha, empujando el talón en el suelo hacia atrás. Inclínate hacia delante y carga tu peso sobre tu pierna izquierda. Elévate suavemente a través de las caderas y nota un estiramiento en la pantorrilla de tu pierna extendida. Repite por el otro lado.

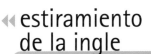

estiramiento de la ingle

Junta las suelas de tus pies, y utiliza los músculos de las piernas para mover las rodillas hacia el suelo. Si mantienes la espalda recta y acercas más tus pies al cuerpo, intensificas el estiramiento.

calentamiento, recuperación 2

◄◄ estiramiento de tríceps sural

Dobla una pierna, manteniendo el pie plano sobre el suelo. Debes notar un estiramiento en la parte baja de tu pantorrilla.

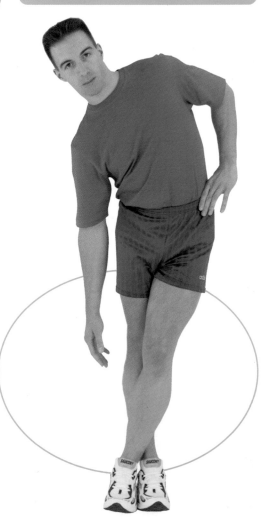

estiramiento de la ►► musculatura lateral

Coloca un pie alrededor del otro, con ambos pies planos sobre el suelo. Manteniendo rectas ambas piernas, inclina las caderas al otro lado de tu pie posterior. Debes notar un estiramiento en la parte exterior de la pierna y alrededor de la cadera.

‹‹ estiramiento
del flexor de la cadera

Coloca una rodilla hacia delante y extiende la otra pierna hacia atrás. Apoya las manos en la rodilla mientras mantienes las caderas en ángulo recto hacia delante y el torso vertical. No te apoyes hacia delante, ya que eso reduce el estiramiento.

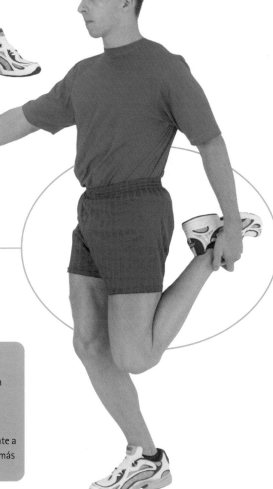

estiramiento ››
del cuádriceps

En equilibrio sobre una pierna, estira hacia arriba el otro pie detrás de tu cuerpo. Mantén recto el cuerpo para potenciar al máximo tu estiramiento en la parte delantera de la pierna.

reposo

Tu cuerpo necesita reposo para fortalecerse; ignorar esta verdad conduce a lesiones y enfermedades. Los principiantes sólo deben correr inicialmente en días alternos. Los corredores expertos deben marcarse el objetivo de descansar al menos un día a la semana, y tomarse una semana moderada al mes y, como ideal, un mes moderado al año. Y todos los atletas deben evitar correr días consecutivos intensamente. Incluso si te sientes bien el día siguiente a una carrera rápida o larga, tu cuerpo, aún en recuperación, estará más propenso a lesiones.

superación de lesiones

tratamiento RICE

R—reposo

Reduce al mínimo los movimientos y la carga de peso en el área lesionada. Un par de días de reposo es una cura eficaz para la mayoría de lesiones menores.

I—hielo

Reduce el daño de la hinchazón que acompaña a las torceduras y distensiones. Envuelve una bolsa de hielo (o un paquete de guisantes congelados) con un paño húmedo y aplícalo firmemente al lugar de la lesión durante 15 minutos cada hora o con toda la frecuencia que puedas durante el día. También ayuda tomar medicamentos antiinflamatorios no esteroideos, tales como el ibuprofeno.

C—compresión

Una venda ligeramente elástica ayudará a reducir más la hinchazón, pero no hay que apretarla tan fuerte que restrinja la circulación.

E—elevación

Mantener la pierna elevada reducirá la circulación de la sangre, lo cual en las primeras etapas de una lesión contribuirá a limitar el daño en los tejidos.

Talón de Aquiles

Los científicos deportivos han demostrado que la suplementación de glucosamina tienen un efecto curativo positivo en muchos pacientes del dolor en el talón de Aquiles.

Los corredores de alto nivel saben cómo hacer frente a la incomodidad. También saben detectar cuándo hay que parar ante la primera señal de dolor que indique una lesión potencial. Puede tardarse años en distinguir entre la incomodidad temporal y el verdadero daño, pero la decisión temprana y acertada al respecto puede significar la diferencia entre un par de días de suave recuperación, y la necesidad de semanas de reposo total y tratamiento médico. A diferencia de la incomodidad, el dolor nocivo tiende a estar localizado y a no ser familiar. Si padeces dolor en la pierna, utiliza nuestra guía (ver a la derecha) para diagnosticar el problema o la lesión.

autotratamiento

Cuando sientes dolor durante una carrera, para, estira ligeramente y luego camina. Si entonces desaparece el dolor, prueba un trote ligero y sigue la carrera. Si no desaparece, interrúmpela y regresa a casa enseguida. Una vez allí, aplica el tratamiento RICE (ver izquierda), que constituye unos primeros auxilios eficaces para la mayoría de dolores y torceduras. No trates de diagnosticar tu propia lesión, y si el dolor continúa durante más de dos días, solicita atención médica, idealmente a un especialista en medicina deportiva, a un fisioterapeuta o a un osteópata.

guía rápida para cinco lesiones comunes

lesión	causa	tratamiento
1 Dolor de Aquiles	A menudo la causa es un aumento excesivo en la velocidad o en el kilometraje, unas zapatillas gastadas o una pronación excesiva (ver págs. 14 y 95).	El hielo y el reposo son las respuestas correctas; cuando la hinchazón haya desaparecido, empieza a estirar suavemente la pantorrilla baja y el tobillo y practica masaje.
2 Dolor en los isquiotibiales	La causa de los dolores en los isquiotibiales es frecuentemente un aumento súbito o excesivo de la velocidad o del kilometraje.	El reposo, el correr suavemente y el masaje son las mejores soluciones para la mayoría de esos desgarros. Evita el correr en pendientes y el trabajo de velocidad, aplica hielo y estira regularmente.
3 Dolor en la rodilla	La causa del dolor en la rodilla puede ser un problema en la propia rodilla, o un problema en otra parte. Verifica que el origen no sea una rigidez muscular.	Estira tu cintura iliotibial, tus músculos glúteos y cuádriceps y moviliza tu espalda baja. Comprueba que tus zapatillas proporcionen suficiente estabilidad para tus necesidades.
4 Dolor en las espinillas	Este dolor en la parte delantera de las espinillas está causado por la hinchazón de los músculos, tendones o del periostio. La causa es la superpronación, el aumento de velocidad y las superficies duras.	El tratamiento RICE te ayudará. Es importante estirar y fortalecer las espinillas, los tobillos y las pantorrillas. Evita correr sobre superficies duras.
5 Fascitis plantar	El daño en la banda gruesa que conecta tu talón con la base de los dedos del pie se manifiesta como dolor en la base de tu talón.	Estira tus pantorrillas y tendones de Aquiles. Retuerce también los dedos de los pies y pasa tu peso al exterior de tu pie al estirar. Un especialista en medicina deportiva te puede ayudar con masaje y tratamiento de ultrasonidos.

entrenamiento complementario

piscina

La natación es un medio excelente para tonificar cada parte de tu cuerpo, así como para proporcionar un buen ejercicio cardiovascular. También es un buen medio para aprender a regular tu respiración.

Complementar tu carrera con otras actividades aeróbicas (tales como ciclismo, natación o remo) es una manera excelente de mejorar tu forma física con un riesgo mínimo de lesiones. El entrenamiento de fuerza y de flexibilidad –tal como el entrenamiento con pesas y el yoga– también es muy útil. Además de contribuir a tu forma física general te fortalecen como corredor. Hasta cierto punto, algunos entrenadores consideran que la manera de correr mejor es correr más, pero la mayoría de corredores se benefician sacando el máximo de un kilometraje relativamente bajo y añadiendo una o dos sesiones semanales de entrenamiento complementario de buena calidad. Puedes utilizar el entrenamiento alternativo para sustituir a una carrera fácil cada semana, aunque hay algunas sesiones de carrera –tales como el trabajo de velocidad y los recorridos lentos y largos– que no pueden ser reemplazados adecuadamente con otras actividades.

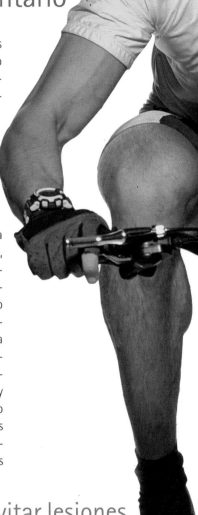

las diez mejores maneras de evitar lesiones

1	2	3	4	5
No estires los músculos fríos	Calza buenas zapatillas de correr	Corre sobre superficies blandas	Descansa entre tus sesiones de carrera	Aumenta gradualmente el kilometraje y la velocidad

entrenamiento complementario para superar lesiones ▶▶

tirón en los isquiotibiales

Remo – Algunas sesiones suaves de remo extenderán las piernas y estirarán suavemente la zona dañada. Con el tiempo, la potencia añadida fortalece a los isquiotibiales contra lesiones futuras.

tendinitis de Aquiles

Ciclismo – Es un ejercicio excelente, ya que estira y fortalece tu tendón de Aquiles sin impactos ni giros.
Step – Es excelente para rehabilitación de lesiones, ya que no implica impactos. Te permite correr de un modo continuo, dado que es una mezcla entre esquí nórdico y subida de escaleras.

rodilla del corredor

Paseo enérgico – Pasear estira la pierna, mientras que hacer ejercicio doblando la rodilla (como en ciclismo) puede empeorar el problema. El remo y la utilización de un step también puede ayudar.

dolor en las espinillas

Ciclismo – El dolor en las espinillas puede aliviarse por medio del ciclismo, ya que evita ejercer presión sobre la parte delantera de la pantorrilla. También puedes probar el esquí nórdico y utilizar un step.

fascitis plantar

Ciclismo – Pedalear sobre una bicicleta puede ayudar a reducir la tensión en la planta del pie, aunque al principio puede ser algo doloroso. También puedes probar el remo y un step.

El ciclismo es un buen ejercicio cardiovascular, y ayuda a fortalecer las piernas y a promover el vigor.

6	7	8	9	10
No corras duramente en días consecutivos	No soslayes los síntomas de dolor	Trata el dolor prontamente	Recupérate con cautela de la enfermedad o la lesión	Utiliza entrenamiento complementario y fortalecedor

motivación

Algunas veces hay días en los que preferiríamos hacer cualquier otra cosa en vez de correr. Esto te ayudará a salir de casa y entrenarte.

El desafío de los objetivos

Muchas personas abandonan cuando sufren una decepción. Y se decepcionan cuando sus expectativas difieren de la realidad. Por esta razón son esenciales los objetivos realistas. Si te enfrentas a tu primera carrera, el propósito ha de ser meramente acabarla en la mejor forma posible. Si tienes 47 años y has estado corriendo seriamente durante 20 años, no pretendas batir tu mejor marca este año, y en su lugar procura superar a tus iguales en edad. Y si eres un corredor nuevo no te fijes como objetivo inicial correr un maratón.

Piensa en el tiempo dedicado a correr como si fuera una inversión en más salud, más relajación y más realización.
Tu forma física mejorará y alcanzarás progresivamente nuevos objetivos. Esto te ayudará a mantener el impulso.

Objetivos, ahora y más tarde

Todo el mundo necesita una combinación de objetivos a corto y a largo plazo para mantenerse activo. Los objetivos a largo plazo indican una dirección general, mientras que los que se fijan a corto plazo proporcionan una recompensa regular y sirven como hitos de progreso. Los objetivos a largo plazo son básicamente tus razones subyacentes para correr. Pueden ir desde estar en forma y perder peso hasta desear correr un maratón. Tus objetivos a corto plazo deben ser más concretos, tales como perder 2 kg en cuatro semanas, o prepararte para una carrera de 10.000 metros. Un objetivo realista a largo plazo podría ser participar en un maratón el año próximo, o perder 8 kg de peso, así como mejorar notablemente tu salud general, tu forma física y tu sensación de bienestar.

las diez mejores maneras de estar motivado

1	2	3	4	5
Corre a tu aire durante una semana Márcate el ritmo que quieras y corre durante el tiempo que tu cuerpo desee cada día.	**...¡o descansa durante una semana!** Especialmente eficaz si eres un corredor regular. Pronto sentirás la inquietud de entrenar de nuevo.	**Lleva un registro en la puerta de tu nevera** Anota en un adhesivo cada carrera después de la cual te hayas encontrado mejor.	**Corre con un compañero** Correr con un compañero te estimulará para seguir una rutina.	**Fíjate un objetivo** Tanto si es perder 2 kg en un mes como mejorar una marca propia, eso te motivará, guiará y recompensará.

Motivación para el principiante

Cuando pongas en práctica tu propósito de correr, ten presente todos los aspectos positivos que la carrera te aporta. Los beneficios que obtendrás en los primeros meses de carrera son increíbles. Tu forma física aeróbica mejorará drásticamente, eliminarás el exceso de grasa y tu cuerpo se musculará. A medida que progreses, te sentirás mejor todo el día como resultado de estar en forma y mejorará tu sensación de bienestar. Quizá todo esto parezcan alardes exagerados, pero la experiencia de miles de corredores demuestra que correr mejora realmente tu salud. Cuando haga frío y tengas la tentación de rehuir la idea de correr, recuerda los beneficios. Y si alguna vez tienes dificultades para encontrar tiempo para correr, recuerda que es una inversión que redundará en más provecho para tu semana.

DESTIERRA LOS PENSAMIENTOS NEGATIVOS

Correr es fantástico para el espíritu: estás sólo tú, tu cuerpo y tus pensamientos. Los problemas se plantean cuando comienzas a creer que estás corriendo mal. He aquí cómo desterrar rápidamente esos pensamientos negativos:

Estoy más lento de lo habitual... Algunas veces tenemos días pesados, lentos, sofocantes –o incluso semanas– sin motivo aparente. Cuando esto suceda, saca el máximo partido de tu carrera, a cualquier ritmo con el que te sientas bien, y no dejes que un periodo breve defina el tipo de corredor que eres. Tus rendimientos en el curso de todo un mes proporcionan una perspectiva mejor de tu forma.

No me siento como un corredor. Procura correr erguido –inmediatamente te sentirás más delgado y más rápido–. Eleva tu columna vertebral, ensancha tu clavícula tirando los hombros abajo y atrás, e imagina que alguien te estira suavemente adelante y arriba por medio de una cuerda atada por debajo de tu ombligo.

Esta carrera va a durar siempre. Desglosa tus carreras en secciones –quizá periodos de 10 minutos o vueltas al parque de tu localidad–. Concéntrate en completar una sección cada vez (éste es también un buen truco mental para las competiciones). Te sorprenderá lo rápido que pasa el tiempo.

6
Evita comparaciones
Si quieres compararte con otro, hazlo con una persona que no corra.

7
Mantén variedad
La variedad es la salsa de la vida, por tanto, haz algo de entrenamiento complementario (ver págs. 38-39).

8
Colabora en una carrera
Siendo testigo del esfuerzo de otra persona y de sus logros te recordará los beneficios de correr.

9
Compra zapatillas y vestimenta nueva
Esto te ayudará a tener una sensación renovada de motivación para correr.

10
Hazte socio de un club
Ser estimulado o estimular fomenta perfectamente el entusiasmo.

2

programas de entrenamiento

Una de las claves para disfrutar de las carreras y progresar es seguir un programa. Esto no significa ceñirse a un régimen estricto o ajustarse a instrucciones y reglas detalladas, sino establecer un plan de trabajo para alcanzar unos objetivos. Decirse a uno mismo: «Voy a correr hasta que me canse» es la manera más segura de perder interés y de abandonar. Si tienes un plan básico que hay que seguir, eso te ayudará a mantenerte motivado y alcanzar tus objetivos.

Este capítulo proporciona guías cotidianas a seis niveles de capacidad, diseñados para ayudarte a conseguir una amplia gama de objetivos de entrenamiento y de competición con seguridad y eficacia. También consideramos los principios básicos de carrera que todos los atletas deben seguir, tanto si siguen un programa como si no.

las cuatro reglas de oro

1 progresa lentamente

A largo plazo evitarás lesiones y mejorarás más rápidamente teniendo paciencia con respecto al aumento de tu velocidad y de tu kilometraje. Incrementa tu kilometraje semanalmente, pero no más de cuatro o cinco kilómetros a la semana –menos si eres un corredor totalmente nuevo–. Aumenta gradualmente el trabajo de velocidad, una vez hayas construido una base de carrera de baja intensidad. Y evita aumentar la velocidad y el kilometraje al mismo tiempo.

2 tómate días de descanso

Tu cuerpo necesita tiempo para recuperarse –en realidad construye su forma después de tus carreras más que durante ellas–. Por tanto, un día de carrera rápida o larga debe ir seguido por un día de descanso o de práctica suave.

3 calienta y recupera

Tus músculos, articulaciones, ligamentos y tendones necesitan tiempo para estar flexibles en una carrera, y cuando comiences estarán tensos y rígidos. Debes finalizar cualquier carrera con un trote suave y con estiramientos.

4 presta atención a las lesiones

Tus lesiones empeorarán si quieres ignorarlas y tratas de correr a pesar de ellas. Si tienes un dolor persistente, reposa y ponte hielo en la zona afectada a corto plazo, y luego pide un diagnóstico a un médico, un especialista o un buen entrenador, y esfuérzate al máximo en la rehabilitación de la lesión. Un tratamiento precoz permitirá una mejor recuperación.

Sigue los cuatro principios básicos de entrenamiento (columna de la izquierda) y estarás en el camino de ser un corredor feliz y con éxito, tanto si te ajustas a un programa de entrenamiento como si no.

Toda carrera tiene un propósito. Por lo tanto, si tu rutina te pide un día de recuperación, tómate un día de reposo. Eso te permitirá una recuperación completa y estar preparado para tu siguiente sesión. Por el contrario, cuando realizas trabajo de velocidad debes concluir la sesión sintiendo que has realizado un esfuerzo genuinamente agotador.

Ahora que has leído las cuatro reglas de oro, te darás cuenta de que es primordial el respeto a tu cuerpo (ver págs. 10-11 para más detalles sobre superficies de carrera, págs. 32-35 sobre calentamiento, y págs. 36-37 sobre diagnóstico y tratamiento de lesiones). Si tienes presentes estos principios, disfrutarás de toda una vida de carreras eficaces y sumamente satisfactorias.

Sesiones de entrenamiento

La mayoría de programas incluyen también una amplia gama de sesiones de entrenamiento –algunas se explican por sí mismas y otras no son tan obvias–. La variedad es esencial tanto para mantener la motivación como para aumentar tu fuerza y resistencia. Estos son los principales tipos de sesiones (ver a la derecha).

sesiones de entrenamiento

carreras a
umbral o aceleraciones ▶▶

Estas carreras críticas equivalen a un ritmo de aproximadamente medio maratón para los corredores expertos. Generalmente duran de 20 a 40 minutos, que pueden desglosarse en segmentos rápidos y lentos. Son buenas para enseñar a tu cuerpo a correr durante periodos más largos con velocidad.

trabajo de
velocidad o intervalos ▶▶

Repeticiones rápidas intercaladas con periodos de reposo: por ejemplo, 4 × 800 m con dos minutos de recuperación. Mejoran la fuerza, la velocidad y la forma, ¡y no tienes que ser un corredor «rápido» para hacerlas!

carreras largas, lentas ▶▶

Son la clave para aumentar la resistencia, y es mejor realizarlas el fin de semana o en un día que no se trabaje. Las carreras lentas pueden durar entre una y tres horas, según tus objetivos. El tiempo que se pasa corriendo es más importante que la velocidad.

sesiones de montaña ▶▶

Trabajo de velocidad cuesta arriba, con mayor énfasis en la potencia. Corres duramente por una pendiente ascendente, luego trotas al descender, y repites. Las variaciones de distancia y pendiente son infinitas. Una sesión típica sería 8-12 × 1 minuto en una ascensión pronunciada.

«fartlek» ▶▶

Es una palabra sueca que significa «juego de velocidad», y es un tipo de trabajo de velocidad de forma libre, en el cual aceleras a intervalos aleatorios durante una carrera normal. Todas estas sesiones de entrenamiento se pueden combinar según los objetivos.

cómo funcionan los niveles de entrenamiento

Los programas de entrenamiento en esta sección se dividen en seis niveles de dificultad. Los niveles pueden practicarse aisladamente o pueden seguirse de modo consecutivo, y cada uno supone un kilometraje y una intensidad más elevados que el anterior. El primer nivel de entrenamiento es para principiantes. Su objetivo es prepararte para correr durante 30 minutos sin parar. Todos los otros niveles incluyen un programa de carrera para conseguir una buena forma, y uno o más programas de competición. Los niveles se distribuyen así:

1 nivel inicial	**2** nivel iniciados	**3** nivel de readaptación
páginas 52–55	**páginas 56–59**	**páginas 60–63**
para principiantes absolutos Incluye cuatro días a la semana de carrera y caminar.	**para corredores relativamente novatos** Es para personas que puedan correr 30 minutos sin parar tres o cuatro días por semana.	**para corredores sin practicar durante tiempo** Para quienes pueden correr 25-50 km durante cuatro o cinco días a la semana:
El objetivo de este nivel es permitirte correr:		
■ 30 minutos sin parar.	Utiliza este programa de entrenamiento para:	■ forma física (programa repetible, de tres a cuatro semanas).
Es un programa altamente flexible que dura unas 10 semanas.	■ una carrera de 5.000 m (programa de 8 semanas).	■ carreras de 10.000 m (programa de ocho semanas).
	■ carreras más largas y forma física general (repetible, programa de tres a cuatro semanas).	

¡Atención!

Recuerda que todos los programas siguientes son meramente orientativos, y cada uno de ellos va dirigido a corredores del nivel físico apropiado. No te esfuerces en exceso y escucha a tu cuerpo. Si notas algún dolor serio o una incomodidad, especialmente si no has hecho ejercicio de modo regular durante los cinco últimos años, consulta inmediatamente a un médico o un especialista en lesiones deportivas.

1 nivel intermedio

páginas 64–71

para corredores regulares
Para aquellos que puedan correr 40-60 km durante cuatro a seis días a la semana, e incluye a los que deseen correr un maratón en 4:15 o una prueba de 10.000 m en 50 minutos.

Utiliza este programa de entrenamiento para:

■ forma física (programa de tres a cuatro semanas).

■ carrera de 10.000 m/medio maratón (programa de ocho a diez semanas).

■ un maratón completo (programa de 16 semanas).

2 nivel superior

páginas 72–79

para corredores expertos
Esto incluye entrenamiento de cinco a seis días a la semana, y a los que desean correr un maratón en 4:15-3:30, o una prueba de 10.000 m en 50-40 minutos.

Utiliza este programa de entrenamiento para:

■ forma física (programa repetible de tres a cuatro semanas).

■ carrera de 10.000 m/medio maratón (programa de ocho a diez semanas).

■ un maratón completo (programa de 16 semanas).

3 nivel expertos

páginas 80–87

para corredores expertos
Es para corredores que entrenan de seis a siete días a la semana, incluyendo a los que desean correr un maratón en 3:30-2:50, o los 10.000 m en 40 a 34 minutos.

Utiliza este programa de entrenamiento para:

■ forma física (programa repetible de tres a cuatro semanas).

■ carrera de 10.000 m/medio maratón (programa de ocho a diez semanas).

■ un maratón completo (programa de 16 semanas).

frecuencia cardiaca de entrenamiento

Un contador de pulsaciones (pulsómetro) puede ayudarte a verificar que no trabajas demasiado duro –ni demasiado flojo– en las sesiones de entrenamiento. Un modelo básico cuesta menos que unas zapatillas baratas de carrera, y es muy fácil de utilizar (ver pág. 22 para más detalles). Dependiendo de tu sesión de entrenamiento, tu frecuencia cardiaca «propia» o personal debe estar entre el 60 y el 95 por ciento de tu franja normal de trabajo.

Para conocer tu frecuencia cardiaca «propia» o personal, debes conocer tu máximo. Si tienes más de un 20 por ciento de sobrepeso o eres principiante, es mejor utilizar la siguiente fórmula aproximada para calcular tu máximo:

214 – (0,8 × edad) para hombres
209 – (0,9 × edad) para mujeres

Por ejemplo, un hombre de 30 años podría tener un índice de:

$0,8 \times 30 = 24$
$214 - 24 = 190$

entrenamiento a la frecuencia correcta	encuentra así tu zona de entrenamiento:
Hay 3 amplias zonas de entrenamiento:	**1** Calcula tu frecuencia cardiaca máxima (ver lo anterior), por ejemplo, 206
60–75 por ciento FÁCIL	
75–85 por ciento MODERADO	**2** Calcula tu frecuencia cardiaca en reposo. Debe tomarse tumbado, poco después de levantarse. Por ejemplo, podría ser 56.
85–95 por ciento DURO	
PERO... NO CAIGAS EN UN ERROR COMÚN:	**3** Resta la frecuencia en reposo del máximo. Esta cifra es tu frecuencia cardiaca de trabajo. Por ejemplo: 206 – 56 = 150.
Éstos no son porcentajes de tu frecuencia cardiaca máxima general, sino porcentajes basados en tu frecuencia cardiaca de trabajo. Eso significa una gran diferencia práctica para un corredor regular. El cálculo es fácil, pero requiere más explicaciones de las que la mayoría de gimnasios están preparados para dar.	**4** Aplica el porcentaje de tu frecuencia cardiaca de trabajo «propio» –por ejemplo, 60 por ciento para una carrera fácil, lo cual da 150 × 0,60 = 90– y súmalo a tu frecuencia cardiaca en reposo (90 + 56 = 146). La última cifra es tu frecuencia cardiaca «propia» personal para la sesión.

Corre para el máximo

Lamentablemente, esta cifra puede ser errónea para un porcentaje del 5 al 10 por ciento de la población, hasta en 24 pulsaciones por minuto. Es mucho mejor encontrar tu máximo corriendo. Para ello calienta con algunos estiramientos, luego corre todo lo rápido que puedas a ritmo uniforme durante 3 minutos (idealmente sobre una cinta rodante), después descansa con 2 minutos de carrera suave y repite tu carrera de 3 minutos al máximo. Durante tu segunda carrera debes alcanzar una frecuencia cardiaca máxima más alta que con cualquier otro método, aunque conviene que utilices tu pulsómetro para tomar lecturas, pues tu frecuencia cardiaca puede llegar al máximo antes de finalizar la carrera.

Observa que un pulsómetro es poco útil cuando se efectúan intervalos de menos de 1.000 m; las cifras por encima del 85 por ciento son guías sobre lo que puedes esperar alcanzar al final de cada repetición.

Si el ritmo «propio» o personal parece demasiado lento...
■ Quizá no utilices una frecuencia cardiaca máxima exacta (si la has calculado). Añade 12 pulsaciones a tu máximo teórico y haz los cálculos de nuevo.
■ Quizá utilices porcentajes de tu frecuencia cardiaca máxima en vez de tu frecuencia cardiaca de trabajo (ver a la izquierda).

sesiones de muestra

60 POR CIENTO

Carrera lenta de recuperación
Aunque lentas, las carreras de recuperación son cruciales. Ocupa 30 minutos.

60 70 POR CIENTO

Carrera lenta larga
Por encima del 65 por ciento el cuerpo se enseña a sí mismo a quemar grasa como carburante (útil para maratones). Dedica cualquier tiempo entre una y tres horas.

75 85 POR CIENTO

Fartlek
Juego de velocidad (carreras a ritmo moderado con estallidos rápidos aleatorios). Ocupa 30-60 minutos.

Ruta ondulante al 85 por ciento en los ascensos. Tarda 30-90 minutos.

85 POR CIENTO

Carrera a umbral anaeróbico (o «carrera con ritmo»)
Aproximadamente 16 km a ritmo de medio maratón.
Sesión de muestra: 2,5 km al 60 por ciento, luego 15-20 minutos al 85 por ciento, luego 2,5 km al 60 por ciento.

85 90 POR CIENTO

Aproximadamente ritmo de 5.000 a 10.000 m.
Sesiones de muestra: 6 × 800 m llegando al 90 por ciento en cada repetición; o 5 × 2.000 m llegando al 85 por ciento en cada repetición.

95 POR CIENTO

Frecuencia cardiaca máxima a ritmo de intervalos de 400 m (no ritmo de carrera máximo). Sesión de muestra: 12 × 400 m con recuperaciones de 200 m al trote, asegurándose caídas de la frecuencia cardiaca en la recuperación del 70 por ciento al menos.

más fuerte, más rápido, más seguro

El trabajo de velocidad (también conocido como «intervalos» o «repeticiones») es el mejor modo individual de llegar a ser un corredor más fuerte, más rápido y con mayor confianza. Una sesión semanal reportará beneficios, tanto si eres un corredor que tarda ocho minutos en un kilómetro, como si eres un corredor avanzado con una marca del kilómetro en tres minutos.

Una vez hayas progresado, y corras seguidos 30-40 minutos o más, tres o cuatro veces a la semana, puedes pensar en sustituir una de tus sesiones por otra de trabajo de velocidad. Será un trabajo duro, pero comprobarás los beneficios en pocos días: tu nivel de forma física aumentará rápidamente, y tu carrera normal se volverá más fácil y más satisfactoria.

Tipos de trabajo de velocidad

Todo trabajo de velocidad incluye periodos de carrera dura intercalados con descanso. Además, las variaciones son infinitas. Puedes realizar trabajo de velocidad sobre una pista de dimensiones fijas o sobre terreno de hierba, aunque las distancias exactas no son esenciales.

El intervalo de descanso (durante el cual estás de pie, trotas o caminas) puede

variar de acuerdo con el objetivo de la sesión –distancias cortas y/o descansos largos son mejores para fomentar la velocidad pura, mientras que distancias más largas y/o descansos más cortos fomentarán velocidad y resistencia. Una buena regla es descansar la cantidad de tiempo que se tardó en correr la distancia–. Podrían ser sesiones típicas 8 × 400 m; 4 × 800 m; 3 × 1.200 m; o 200 m, 400 m, 800 m, 1.200 m, 800 m, 400 m, 200 m (esto se llama sesión en pirámide). También puedes correr basándote en el tiempo en vez de la distancia, por ejemplo, 8 × 90 segundos, o 4 × 4 minutos.

¿Cuán duramente debes correr?

Siempre que hagas un esfuerzo mayor que el de tu ritmo de entrenamiento normal, estás haciendo trabajo de velocidad. Una vez acostumbrado a este estilo de entrenamiento, debes proponerte correr duramente, pero de modo uniforme –tu última repetición en una sesión debe ser tan fuerte como la primera, sin dejarte sentir como si pudieras haber ido más rápido–. Además de mejorar enormemente tu forma física, el trabajo de velocidad te enseña el valioso arte de marcarte tu propio ritmo al que deberás ceñirte en los sucesivos puntos.

1

nivel inicial

Este nivel es para aquellos que son completamente novatos en la carrera. El objetivo del programa es prepararte para correr 30 minutos sin parar. Una vez superado este nivel, puedes considerarte definitivamente como un «verdadero» corredor y, si lo deseas, tendrás capacidad para llegar a la línea de meta de una carrera de 5.000 m. [Una vez puedas correr 30 minutos sin parar, hay un programa específico en el 2° nivel (págs. 58-59) para entrenarte a correr ligeramente más duro en un 5.000 m]. Si ya estás en forma, no necesitarás comenzar por el principio de este programa, y probable-

mente podrás avanzar con seguridad más deprisa de lo indicado (ver a la izquierda: «¿Ya estás en forma?»). En cualquier caso, ten paciencia, y procura correr más lentamente de lo que crees que podrías hacerlo. Quizá tengas a punto el corazón y los pulmones para correr rápidamente, pero tus músculos, articulaciones y tendones no estén adaptados todavía para ello, y son especialmente susceptibles de lesiones en estas etapas iniciales. Piensa en estas semanas lentas como si fueran una inversión con la que pudieras garantizar toda una vida de carreras satisfactorias, exentas de lesiones.

¿Ya estás en forma?

Algunas personas –incluso si no corren o hacen ejercicio regularmente– comprobarán que pueden correr 30 minutos sin parar el primer día. Otras se adaptarán muy pronto al programa de entrenamiento y estarán listas para realizar las sesiones más rápidamente de lo que marcan los programas. Esto es natural: todos tenemos niveles diferentes de forma física residual, y algunos cuerpos se adaptan más pronto que otros a las exigencias mecánicas de la carrera. En cualquier caso, sin embargo, en esta etapa debes fijarte el objetivo de correr gradualmente más tiempo en vez de más rápido. De lo contrario, corres el riesgo de lesionarte. Sigue las sugerencias («Si tú...») en las páginas 53 y 55 si ya estás razonablemente en forma.

programa del nivel 1

Repite cada sesión cuatro veces por semana. Procura no entrenar días seguidos en esta etapa, y recuerda que, por carrera, queremos significar trotar suavemente a un ritmo que te permita seguir una conversación (alrededor del 60-70 por ciento de tu frecuencia cardiaca de trabajo: ver págs. 48-49). Tus pausas deben ser proporcionadas y adecuadas. Si necesitas repetir una semana, retroceder o alternar las sesiones que sugerimos con otras más suaves, repartiendo en dos

semanas el trabajo de una, no hay inconveniente alguno.

Por último, si todavía no estás preparado para correr 30 minutos seguidos –especialmente si tienes un sobrepeso superior al 20 por ciento de tu peso ideal–, dedica dos, tres o más semanas a caminar rápidamente durante 20-30 minutos, cuatro días a la semana. Es la mejor manera de preparar tus piernas para correr, es un buen ejercicio cardiovascular y te ayudará a seguir una rutina.

SEMANA

1

Corre 2 minutos, camina 2 minutos.
Hazlo siete veces por sesión.

SEMANA

2

Corre 4 minutos, camina 2 minutos.
Hazlo siete veces por sesión.

SEMANA

3

Corre 6 minutos, camina 2 minutos.
Hazlo cuatro veces por sesión.

semana 3 – ¿cómo va?

¿Corres a ritmo de conversación? ¿Te sientes preparado para correr otra vez después de las pausas caminando? ¿Estás libre de dolores y molestias? ¿Sí? Bien, entonces estás a punto para pasar a la semana número 4. Si has contestado «no» a cualquiera de estas preguntas, consulta «Es demasiado difícil» (página 54). Sin embargo, si por correr a ritmo de conversación, encuentras las carreras poco exigentes, y tu cuerpo está libre de dolores y molestias, pasa a la semana número 6.

SEMANA

4

Corre 8 minutos, camina 2 minutos.
Hazlo tres veces por sesión.

SEMANA

5

Corre 6 minutos, camina 2 minutos, corre 10 minutos, camina 2 minutos, corre 10 minutos, camina 2 minutos.

SEMANA

6

Corre 10 minutos, camina 1 minuto.
Hazlo tres veces por sesión.

semana 6 – ¿cómo va?

Si encuentras difícil llegar al final de una carrera de 10 minutos, no te preocupes, retrocede a la semana número 5, o incluso a la número 4, hasta que tu cuerpo te indique que está a punto para progresar más. Si esto te parece demasiado fácil, pasa a la semana número 7, pero progresa normalmente a través de las semanas 8, 9 y 10. La paciencia es esencial para construir tus fundamentos de carrera y evitar lesiones.

Si tú...

puedes correr 30 minutos sin parar
En las tres o cuatro semanas siguientes haz carreras fáciles de 20-40 minutos cada semana. Después de eso, estarás preparado para iniciar los programas en el nivel 2, y deja al menos dos semanas más antes de comenzar el trabajo de velocidad.

Si tú...

puedes correr 10–15 minutos sin parar sin perder el aliento
Inicia los programas del nivel 1 en una semana que exija carreras repetidas de dos a cuatro minutos menos de tu límite de confort. Si eso es demasiado difícil, no te avergüences de retroceder una o dos semanas.

nivel inicial

¡Es demasiado difícil!

Muchos corredores nuevos abandonan debido a que intentan correr demasiado intensamente, demasiado pronto. Creen que deberían progresar más deprisa –o simplemente se lesionan– y se niegan a sí mismos toda una vida de buena forma física, porque deciden que no tienen cualidades para ser un corredor. ¡Ten fe en ti mismo! A menos que tengas un problema médico serio, puedes llegar a ser un corredor –cualquiera que sea la velocidad adecuada para ti–. Revisa los relatos de éxito de personas obesas que han reducido a más de la mitad su peso por medio de una combinación de andar y de correr. O de pacientes de cáncer que han desafiado a la adversidad para empezar a correr o para continuar haciéndolo. O de minusválidos, o mayores de 75 años, que han hecho lo mismo.

No te avergüences en ir poco a poco. Si te esfuerzas, retrocede a una semana en los programas donde te encuentres cómodo, aunque sea la primera semana, y repite una y otra vez hasta que tú (no cualquier otro) sientas que estás a punto para progresar. Luego repite la siguiente semana tantas veces como lo necesites, y así sucesivamente. Procura también encontrar un compañero para correr juntos; intenta correr sobre superficies blandas; y estira después para minimizar dolores y molestias (ver págs. 40-41 para más ideas motivacionales).

SEMANA 7
Corre 13 minutos, camina 1 min, corre 14 min, camina 1 min

SEMANA 8
Corre 15 minutos, camina 1 min, corre 16 min, camina 1 min

SEMANA 9
Corre 17 minutos, camina 1 min, corre 18 min, camina 1 min

semana 9 – ¿cómo va?

Ahora podrías tener el prurito de llegar a la semana número 10, y progresar a través de las carreras finales más largas hasta tu objetivo de 30 minutos. Si no sientes dolores ni molestias y has superado fácilmente las carreras de las últimas semanas, podría ser correcto proceder así. Si no tienes una confianza tan completa, pero te sientes a punto para empezar la semana número 10, considérate libre para ampliar las cinco sesiones de la semana durante dos semanas, alternando cada sesión con días fáciles de correr/caminar.

Tengo un pinchazo o calambre estomacal (flato)

Los pinchazos son dolores agudos debajo de la caja torácica causados por calambres en la pared estomacal. Esto es lo que puedes hacer para superarlos:

■ Si tienes un pinchazo en tu costado derecho, exhala fuerte cada vez que tu pie izquierdo se apoye en el suelo. Si el pinchazo es en el costado izquierdo expulsa fuertemente el aire cuando tu pie derecho aterrice y llegue a tocar el suelo.

■ Respira profundamente desde el estómago mientras corres, con tus manos encima de la cabeza y tus codos hacia atrás.

■ Mantén la respiración profunda durante 15 segundos mientras continúas corriendo.

■ Párate y tócate los dedos de los pies unas cuantas veces.

■ El método más extremo es empujar un puño bajo tu caja torácica con el otro brazo, y luego inclinarse casi 90 grados mientras sigues corriendo 10 pasos.

La causa del calambre en el estómago también puede ser comer o beber demasiado pronto antes de una carrera. Es un tema que depende mucho de cada individuo. Algunas personas pueden correr cómodamente 20 o 30 minutos después de haber tomado un ligero refrigerio; otras necesitan evitar completamente la comida durante tres o cuatro horas. (Ver págs. 26-27 para más detalles sobre la comida antes de correr).

Si tú...

deseas progresar más deprisa a través de los programas

Siempre que tu cuerpo siga sin sentir ningún dolor y puedas continuar corriendo a ritmo de conversación, puedes omitir cada tercera semana del programa. Alternativamente, corre cuatro días a la semana, tomando días alternos de una semana más fácil y otra más difícil (por ejemplo, semanas 2 y 3), y luego pasa a alternar días de semanas más difíciles (por ejemplo, semanas 4 y 5).

SEMANA 10

PROGRAMA DIARIO

DÍA 1: Corre 9 minutos, camina 1 minuto, corre 21 minutos

DÍA 2: Corre 7 minutos, camina 1 minuto, corre 23 minutos

DÍA 3: Corre 5 minutos, camina 1 minuto, corre 25 minutos

DÍA 4: Corre 3 minutos, camina 1 minuto, corre 27 minutos

DÍA 5: ¡Corre 30 minutos!

nivel iniciados 4 semanas, repetible

Este nivel es para corredores de cualquier velocidad, pero supone que puedes correr 30 minutos sin parar. Consiste en un programa de carreras de forma física, y un programa de primera carrera de 5.000 m. Si todavía no puedes correr 30 minutos sin parar, prepárate utilizando el programa en el nivel 1. Si no has corrido nunca antes, y no obstante tu forma física natural te permite correr 30 minutos seguidos,

resiste la tentación de acelerar hasta que hayas corrido durante seis semanas al menos. En lugar de ello, dedica las cuatro semanas siguientes a hacer tres o cuatro carreras fáciles cada semana, con una duración cada una de 20-40 minutos. Después de eso, puedes empezar los programas en el nivel 2, dedicando al menos dos semanas más antes de iniciar el trabajo de velocidad.

programa de forma física del nivel 2

CUATRO SEMANAS, REPETIBLE

Antes de empezar debes poder correr 30 minutos sin parar, de tres a cuatro días a la semana.
Para utilizar el programa de forma física, sigue en primer lugar las sesiones principales. Si quieres progresar cuando hayas acabado cómodamente el primer ciclo de 4 semanas, repite el programa con variaciones.

Si sufres dolores de cabeza y molestias, no dudes en reemplazar una carrera larga o difícil por otra más corta o más fácil. Recuerda que incluso las carreras lentas fomentarán tu forma física en esta etapa. Correr regularmente, y dentro de tus límites, es lo más importante.

SEMANA	LUNES	MARTES
1	reposo	10 min lento (ver p. 95); luego 4×1 min intenso con recuperaciones al trote 2 min, luego 10 min lento
CICLO 2		**añadir una repetición**
2	reposo	10 min lento, luego 20 min fartlek (ver p. 95), luego 10 min lento
CICLO 2		**añadir 5 min fartlek**
3	reposo	10 min lento; luego 4×90 seg rápido (ver p. 95) con recuperaciones 2,5 min al trote; luego 10 min lento
CICLO 2		**añadir 30 seg a cada esfuerzo**
4	reposo	10 min lento; luego 2×4 min intenso con recuperaciones 4 min al trote
CICLO 2		**añadir 1 min a cada esfuerzo**

semana 4 – ¿cómo va?

Asegúrate de tomarte tu tiempo. Si te cansas frecuentemente, o si tienes dolores y molestias persistentes, afloja el ritmo y no dudes en sustituir una carrera larga o difícil por otra más corta o más fácil.

Si has llegado al final de la cuarta semana sin problemas, y deseas estar a punto para el nivel 3, pasa al ciclo 2°. Repite el primer ciclo tanto tiempo como desees, o sencillamente hasta que te sientas cómodo con él.

¿Qué ritmo?

En esta etapa, la mayoría de tus carreras deben ser a un ritmo que te permita sostener una conversación. El objetivo es fomentar tu forma física y tu resistencia, y eso implica trabajar para aumentar el tiempo que puedes dedicar a correr cómodamente. Si tienes dudas, afloja y haz pausas ocasionales de un minuto caminando en las carreras más largas.

Tus programas contienen una carrera a la semana que incluye un ritmo más rápido (trabajo de velocidad). No corras con paradas: el objetivo es correr rápidamente, pero de modo uniforme, de manera que puedas correr tu último tramo tan deprisa como el primero.

MIÉRCOLES	JUEVES	VIERNES	SÁBADO	DOMINGO
reposo	25-35 min lento	reposo	25-35 min lento	35 min lento
	añadir 5 min si se desea			añadir 10 min
reposo	25-35 min lento	reposo	25-35 min lento	40 min lento
	añadir 5 min si se desea			añadir 15 min
reposo	25-35 min lento	reposo	25-35 min lento	45 min lento
	añadir 5 min si se desea			añadir 15 min
reposo	25-35 min lento	reposo	25-35 min lento	50 min lento
	añadir 5 min si se desea			añadir 15 min

programa de 5.000 m 6-8 semanas

Antes de iniciar este programa debes poder correr 30 minutos sin parar, tres o cuatro días a la semana.

preparación opcional 2 sem

semana uno	semana dos
LUNES	**LUNES**
reposo	reposo
MARTES	**MARTES**
25 min lento	25 min lento, incorporando 6 series de 20-40 segundos a ritmo más rápido
MIÉRCOLES	**MIÉRCOLES**
reposo	reposo
JUEVES	**JUEVES**
20-30 min lento	20-30 min lento
VIERNES	**VIERNES**
reposo	reposo
SÁBADO	**SÁBADO**
20-25 min lento	20-25 min uniformes
DOMINGO	**DOMINGO**
30-35 min lento	30-35 min lento

SEMANA	LUNES	MARTES
1	reposo	10 min lento (ver p. 95); reposo luego 4×6 min intenso con recuperaciones al trote (ver p. 95), luego 10 min lento
2	reposo	10 min lento, luego 20-30 min fartlek (ver p. 95); luego 10 min lento
3	reposo	10 min lento, luego 4-6×90 seg con recuperaciones de 2,5 min al trote, luego 10 min lento
4	reposo	10 min lento, luego 20 min fartlek, luego 10 min lento
5	reposo	10 min lento, luego 3-4×3 min intensos con recuperaciones de 3 min al trote, luego 10 min lento
6	reposo	25 min, incorporando series de 6×20-40 seg a ritmo más rápido (ver p. 95)

semana 4 – ¿cómo va?

Te puedes fijar un objetivo duro de 5.000 m tomando como referencia la prueba de la milla (1.600 m aproximadamente) según los tiempos en esta semana:

10 min = 34 min (caminando alguna parte)

9 min = 31 min   7 min = 24 min

8 min = 27 min   6 min = 20 min

Si has llegado al final de la 4ª semana sin problemas, y quieres estar a punto para el nivel número 3, pasa al segundo ciclo. De lo contrario, repite el primer ciclo hasta que te sientas cómodo con él.

MIÉRCOLES	JUEVES	VIERNES	SÁBADO	DOMINGO
reposo	20-30 min lento	reposo	20-25 min uniforme (ver p. 95)	30-40 min lento
reposo	20-30 min lento	reposo	20-25 min uniforme	35-45 min lento
reposo	25-35 min lento	reposo	25-30 min uniforme	40-50 min lento
reposo	10 min lento, luego estiramiento (ver p. 32-35), luego 1,6 km medido (a ritmo), luego 10 min lento	reposo	20-25 min lento	45-55 min lento
reposo	25-35 min lento	reposo	25-30 min uniforme	35-45 min lento
reposo	20-25 min lento	reposo	15-20 min lento o reposo	**carrera 5.000 m**

¿cómo va? ⌃

nivel de readaptación 4 semanas, repetible

Este nivel es para aquellos que pueden correr 25-40 km durante cuatro o cinco días a la semana. Contiene un programa de forma física para carrera y un programa para entrenar los 10.000 m, y ambos pueden acomodarse para una amplia gama de corredores. Si proyectas seguir el programa de 10.000 m, entrénate corriendo unas cuantas semanas al menos 25-30 km antes de empezar. Los kilometrajes de entrenamiento de los 10.000 m aumentan de una semana a otra, y cuanto mejor sea tu base de entrenamiento, mejor te adaptarás. Cosecharás los máximos beneficios de forma física con un riesgo mínimo de lesiones aumentando poco a poco tu kilometraje semanal en sólo tres o cuatro kilómetros.

programa de forma física del nivel 3

CUATRO SEMANAS, REPETIBLE
Antes de empezar debes ser capaz de correr 30-35 minutos sin parar, durante 4 a 5 días a la semana.

Para aplicar el programa de forma física, sigue primero las sesiones principales. Si deseas progresar, cuando hayas acabado cómodamente el primer ciclo de 4 semanas, repite el programa y las variaciones con el ciclo 2º. Si sufres cualquier dolor o molestia, no dudes en sustituir una carrera larga o difícil por otra más corta o más fácil. Recuerda que incluso las carreras lentas fomentarán tu forma física en este nivel. Correr regularmente, y dentro de tus límites, es más importante que aumentar tu velocidad.

SEMANA	LUNES	MARTES
1	reposo	10 min trote (ver p. 95); luego 4×2 min (o 400 m) rápido, con recuperaciones de 2 min al trote, luego 10 min al trote
CICLO 2		**añadir una repetición**
2	reposo	10 min lento, luego 20 min fartlek (ver p. 95), 10 min lento
CICLO 2		**añadir 5 min fartlek**
3	reposo	10 min lento; luego 1 min, 2 min, 4 min, 2 min, 1 min (o 200 m, 400 m, 800 m, 400 m, 200 m) rápido con iguales tiempos de recuperación; luego 10 min lento
CICLO 2		**añadir 30 seg a cada esfuerzo**
4	reposo	10 min lento; luego 3×4 min (800 m) intenso con recuperaciones 4 min al trote
CICLO 2		**añadir 1 min a cada esfuerzo**

semana 4 – ¿cómo va?

Tómate tu tiempo. Si te cansas frecuentemente, o si tienes dolores y molestias persistentes, no dudes en sustituir una carrera larga o difícil por otra más corta o más fácil. Las carreras lentas son particularmente buenas para fomentar tu forma física en esta etapa. Lo más importante es correr regularmente y dentro de tus límites.

Si has llegado al final de la 4ª semana sin problemas y deseas estar a punto para el nivel 4 (página 64), pasa al ciclo 2. De lo contrario, repite el primer ciclo tanto tiempo como desees. Al final del ciclo 2, repite el ciclo otra vez o pasa al nivel 4. ¡Tú eliges!

¿A QUÉ HORA DEL DÍA DEBO ENTRENAR? No hay horas malas ni buenas para correr, pero es conveniente hacerse una rutina, de modo que salir a correr forme parte de tu actividad diaria. Muchos corredores cogen la costumbre de entrenar antes del desayuno, lo cual deja libre el resto del día, y produce una sensación satisfactoria al ver que la mitad de tus vecinos todavía no se han levantado. Otros comprueban que la hora de la comida o la tarde se adapta mejor a su organismo, especialmente para el trabajo de velocidad. En cualquier caso, procura tener un plan semanal e incluso programa las carreras en tu agenda (de ese modo es más probable que te ajustes al mismo). Si puedes, procura correr algunas veces camino de tu casa al trabajo o viceversa. Es una manera ideal de hacer algún kilometraje con un coste mínimo de tiempo (¡siempre que puedas ducharte en la oficina!).

MIÉRCOLES	JUEVES	VIERNES	SÁBADO	DOMINGO
reposo o 25-35 min lento (ver p. 95)	25-35 min lento	reposo	25-35 min lento	35-45 min lento
	añadir 5 min si se desea			añadir 10 min
reposo o 25-35 min lento	25-35 min lento	reposo	25-35 min lento	40-50 min lento
	añadir 5 min si se desea			añadir 15 min
reposo o 25-35 min lento	25-35 min lento	reposo	25-35 min lento, con zancadas (ver p. 95)	45-55 min lento
	añadir 5 min si se desea			añadir 15 min
reposo o 25-35 min lento	10 min lento, luego 15-25 min fartlek	reposo	25-35 min lento, con zancadas	50-60 min lento
	añadir 5 min si se desea			añadir 15 min

programa primeros 10.000 m

Antes de comenzar este programa debes ser capaz de correr 30-40 km durante 4 o 5 días a la semana.

3ª semana – ¿cómo va?

Puedes fijarte el tiempo para una dura prueba de 10.000 m, sobre la base de tu tiempo de prueba en una milla (1.600 m):
10 + min = 70 min (caminando una parte)
9 min = 65 min
8 min = 58 min
7 min = 51 min
6 min = 43 min

Si has finalizado en menos de 7 minutos, tienes una buena velocidad natural. Puedes considerar pasar a la 4ª semana del programa de 10.000 m en el nivel 5 (pág. 74), pero nuestra recomendación es ver lo bien que puedes desenvolverte en el kilometraje relativamente bajo de este nivel, o el final bajo del nivel 4, antes de progresar.

ENTRENAMIENTO CON AMIGOS
MÁS RÁPIDOS (O MÁS LENTOS)
Los corredores de diferente ritmo no pueden hacer juntos todo su entrenamiento, pero puedes coordinar todo o parte de algunas carreras, de modo que el corredor más rápido disfrute de un día lento programado, mientras que el corredor más lento tiene una carrera con más ritmo. Las sesiones de velocidad ofrecen una gran oportunidad para combinar capacidades, pues generalmente se hacen en pista, de modo que el corredor más lento puede salir con ventaja. También se puede hacer trabajo en cuesta, saliendo ambos corredores al mismo tiempo, pero el más rápido desde más abajo.

SEMANA	LUNES	MARTES
1	reposo	2,5 km trote (ver p. 95); luego 4×400 m rápido (ver. p. 95), con recuperaciones de 2 min; 2,5 km trote
2	reposo	2,5 km trote; luego 4×600 m rápido, con recuperaciones de 2,5 min; luego 2,5 km trote
3	reposo	2,5 km trote; luego 1.600 m con medición de tiempo, luego 2,5 km trote
4	reposo	3,5 km trote; luego 200 m, 400 m, 800 m, 400 m, 200 m, con recuperaciones la mitad de largas que los esfuerzos; luego 3,5 km trote
5	reposo	2,5 km trote; luego 4×400 m rápido, con recuperaciones de 3 min; luego 2,5 km trote
6	reposo	3,5 km trote; luego 1.500 m con medición de tiempo, luego 3,5 km trote
7	reposo	2,5 km trote; 3×1.000 m intenso, con recuperaciones de 4 min; luego 2,5 km trote
8	reposo	2,5 km trote; luego 5×400 m rápido, con recuperaciones de 2 min; 2,5 km trote

semana 6 – ¿cómo va?

No te preocupes si la prueba de tiempo de la última semana no fue tan rápida como la primera. Eso no significa que no estés en forma; después de todo tu entrenamiento de las tres últimas semanas ha tenido un efecto positivo. Pero utiliza el resultado de la prueba de tiempo de la última semana como una guía de ritmo para los 10.000 m. Divide tu tiempo «propio» o personal por 10 para hallar tu ritmo «propio» o personal por kilómetro (en el caso de que la carrera se marcara en millas divídelo por 6,2). El día de la carrera, ajústate a tu ritmo «propio», y luego acelera en los últimos 3 kilómetros si te sientes fuerte.

MIÉRCOLES	JUEVES	VIERNES	SÁBADO	DOMINGO
reposo o 5-6,5 km lento (ver p. 95)	6,5-8 km uniforme (ver p. 95)	reposo	10 min lento, 10 min intenso (ver p. 95), 10 min lento	6,5 km lento
reposo o 5-6,5 km lento	6,5-8 km uniforme	reposo	10 min lento, luego 25 min fartlek (ver p. 95)	8 km lento
reposo o 5-6,5 km lento	6,5-8 km uniforme	reposo	2,5 km trote; luego 3×800 m rápido, con recuperaciones de 3 min; luego 2,5 km trote	10 km lento
				◄◄ ¿cómo va?
reposo o 5-6,5 km lento	6,5-8 km uniforme	reposo	10 min lento, 15-20 min intenso, 10 min lento	6,5 km lento
reposo o 6,5-8 km lento	8-9,5 km uniforme	reposo	10 min lento, luego 30 min fartlek	8 km lento
reposo o 6,5-8 km lento	8-9,5 km uniforme	reposo	3,5 km trote; luego 8×1 min rápido, ascensión de cuesta, trote hacia abajo, luego 3,5 km trote	11 km lento
				▲ ¿cómo va?
reposo o 8-9,5 km lento	9,5-11 km uniforme	reposo	10 min lento, 10 min intenso, 10 min lento	13 km lento
reposo	5-6,5 km uniforme	reposo	25 min lento, inc. zancadas (ver p. 95)	**10 km lento**

nivel intermedio

E ste nivel es adecuado para ti si ya has corrido 32-48 km durante cuatro a cinco días a la semana. Presupone que tu ritmo de entrenamiento típico es de 5,5 a 7 minutos en 1.600 m, aunque se adapta enteramente a corredores más rápidos que deseen obtener el máximo de kilometrajes más bajos.

Este nivel contiene un programa para forma física, un programa para 10.000 m y medio maratón, y un programa para maratón. Los programas de medio maratón y maratón completo son ideales si proyectas tu primera carrera en esas distancias, con marcas para un corredor medio entre 1:50 y 4:15 respectivamente. Si has superado el nivel 3, debes poder pasar cómodamente al entrenamiento del nivel 4. Si sólo has alcanzado el kilometraje mínimo para el nivel 4, procura seguir al menos un ciclo del programa de forma física del nivel 4 (ver a la derecha), antes de comenzar cualquiera de los programas de carrera.

Para utilizar el programa de forma física, sigue primero las sesiones principales. Para progresar, repite el programa, incorporando las variaciones indicadas en el 2º ciclo.

GUÍA DE TRABAJO
DE VELOCIDAD
Tu ritmo de trabajo de velocidad debe ser de tal índole que puedas mantenerlo fuertemente, pero de modo uniforme. Puedes esperar ser capaz de lograr los siguientes tiempos promedios:

- Si puedes correr 10.000 m
  en 60 minutos:
  400 m = 2:05
  800 m = 4:20
  1.200 m = 7:10

- Si puedes correr 10.000 m
  en 55 minutos:
  400 m = 1:55
  800 m = 4:00
  1.200 m = 6:35

- Si puedes correr 10.000 m
  en 50 minutos:
  400 m = 1:45
  800 m = 3:40
  1.200 m = 6:00

SEMANA	LUNES	
1	reposo	
CICLO 2		
2	reposo	
CICLO 2		
	reposo	
3		
CICLO 2		
4	reposo	
CICLO 2		

semana 4 – ¿cómo va?

Tómate tu tiempo. Si te cansas frecuentemente, o si tienes dolores y molestias persistentes, no dudes en sustituir una carrera larga o difícil por otra más corta o más fácil. Recuerda que en esta etapa incluso las carreras lentas fomentarán tu forma física. Correr regularmente, y dentro de tus límites, es lo más importante. Si has llegado al final de la semana 4ª sin problemas, y quieres estar a punto para el nivel 5, pasa al 2º ciclo. De lo contrario, repite el primer ciclo tanto tiempo como desees. Al final del 2º ciclo, repítelo o pasa al nivel 5.

MARTES	MIÉRCOLES	JUEVES	VIERNES	SÁBADO	DOMINGO
10 min trote (ver p. 95); 5×2 min (o 400 m) rápido (ver p. 95), recuperaciones de 2 min al trote (ver p. 95); 10 min trote	reposo o 25-35 min lento (ver p. 95)	25-35 min lento	reposo	25-35 min lento	40-50 min lento
añadir una repetición		añadir 5-10 min			añadir 10 min
10 min lento, 20-25 min fartlek (ver p. 95), luego 10 min lento	reposo o 25-35 min lento	25-35 min lento	reposo	25-35 min lento	45-55 min lento
añadir 5 min fartlek		añadir 5-10 min			añadir 15 min
10 min lento; luego 1 min, 2 min, 3 min, 5 min, 3 min, 2 min, 1 min (o 200 m, 400 m, 600 m, 1.000m, 600 m, 400 m, 200 m) rápido con los mismos tiempos de recuperación; luego 10 min lento	reposo o 30-40 min lento	25-35 min lento	reposo	30-40 min lento, con zancadas (ver p. 95)	50-55 min lento
añadir 30 seg a cada esfuerzo		añadir 5-10 min			añadir 15 min
10 min lento; luego 3×4 min (u 800 m) (ver p. 95), intenso con recuperaciones de 3 min al trote	reposo o 30-40 min lento	10 min lento, luego 20-30 min fartlek	reposo	30-40 min lento, con zancadas	Carrera 5-10 km o correr 55-65 min lento
añadir 1 min a cada esfuerzo		añadir 5-10 min			Carrera 5-10 km o añadir 15 min

⏶ ¿cómo va?

programas de 10 km y medio maratón

(APROX. MÁS DE 50 MIN 10.000 m; MÁS DE 1:50 MEDIO MARATÓN)

CORREDORES DE MEDIO MARATÓN: Las variaciones en tu programa son las cifras entre paréntesis.

SEMANA	LUNES	MARTES	MIÉRCOLES	
1	reposo	2,5 km trote (ver p. 95); luego 5×400 m, con recuperaciones de 2 min (ver p. 95); luego 2,5 km trote	reposo o 6,5-8 km lento	
2	reposo	2,5 km trote; luego 5×600 m, con recuperaciones de 2,5 min; luego 2,5 km trote (2×1.200 m con recuperaciones de 3 min)	reposo o 6,5-8 km lento	
3	reposo	2,5 km trote; luego 1,6 km con tiempo medido; luego 2,5 km trote	reposo o 6,5-8 km lento	
4	reposo	3,5 km trote; luego 200 m, 400 m, 600 m, 800 m, 600 m, 400 m, 200 m rápido, con recuperaciones de la mitad de tiempo que los esfuerzos; luego 3,5 km trote	reposo o 6,5 km lento (u 8 km)	
5	reposo	2,5 km trote; luego 5×800 m, con recuperaciones de 3 min; luego 2,5 km trote	reposo o 6,5 km lento (u 8 km)	
6	reposo	3,5 km trote; luego 1,6 km con medición de tiempo; luego 3,5 km (hacer sesión de sábado)	reposo u 8-10 km lento (o 10-11 km)	

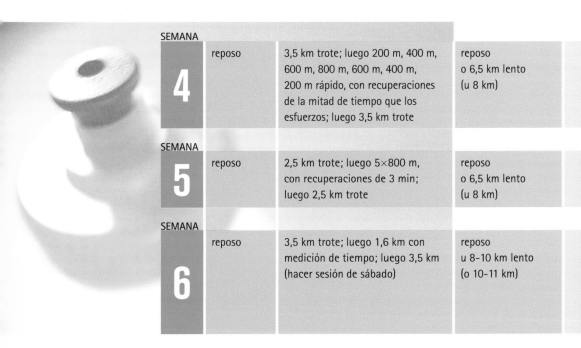

Antes de comenzar debes poder correr 30-45 km durante cuatro a cinco días a la semana.

JUEVES	VIERNES	SÁBADO	DOMINGO
8-10 km uniforme (ver p. 95)	reposo	10 min lento, 10 min intenso (ver p. 95), 10 min lento	8 km lento (10 km)
8-10 km uniforme	reposo	10 min lento, luego 30 min fartlek (ver p. 95)	10 km lento (11 km)
8-10 km uniforme	reposo	2,5 km trote; luego 4×800 m con recuperaciones de 3 min; luego 1,6 km trote	11 km lento (13 km)

¿cómo va?

8-10 km uniforme	reposo	10 min lento, 20-25 min intenso, 10 min lento	8 km lento (10 km)
8-10 km uniforme	reposo	10 min lento, luego 35 min fartlek	11 km lento (13 km)
10-11 km uniforme	reposo	3,5 km trote; luego 10×1 ascensiones con trotes en bajada; luego 3,5 km trote (5 km lento, inc. zancadas)	13 km lento (carrera 10.000 m)

¿cómo va? ▸▸

semana 3 – ¿cómo va?

Te puedes fijar un tiempo para el objetivo de los 10.000 m sobre la base de la prueba horaria de los 1.600 m del martes:

10 + min = 70 + min (caminando en parte)
9 min = 65 min
8 min = 58 min
7 min = 51 min
6 min = 43 min

Es más difícil predecir los tiempos para medio maratón a partir de la carrera de 1.600 m, pero potencialmente equivalen a 2:50+, 2:33, 2:15, 1:57 y 1:39 respectivamente.

Si corres en menos de 7 minutos, tienes una buena velocidad natural. Puedes considerar saltar a la 4ª semana de los programas en el nivel 5 (página 72), pero antes de poder hacer la transición con seguridad, deberás llegar gradualmente a los 50 km en una semana.

semana 6 – ¿cómo va?

Corredores de 10.000 m: Utiliza el resultado del tiempo de la última semana como guía del ritmo para tus 10.000 m. Divide tu tiempo personal por 10 para hallar tu ritmo propio por kilómetro. El día de la carrera, ajústate a tu ritmo propio, y luego acelera en los 3 km últimos.

Medio maratonianos: La carrera de 10.000 m debe darte una buena impresión para el objetivo de un medio maratón:

60 min = 2:20
54 min = 2:05
48 min = 1:50
42 min = 1:35
40 min = 1:30

Si tienes dolores o molestias, no persistas en correr con ellos (ver págs. 36-37).

semanas 7, 8, 9, 10 ▸▸

4

programas de 10 km y medio maratón: continuación

SEMANA	LUNES	MARTES	MIÉRCOLES	
7	reposo	2,5 km trote; luego 4×1.000 m con recuperaciones de 3 min, luego 2,5 km trote	reposo u 8-10 km lento (o 10-11 km)	
8	reposo	2,5 km trote; luego 6×400 m con recuperaciones de 2 min, luego 2,5 km trote (2-3×1,6 km con recuperaciones de 4 min)	reposo u 8-10 km lento (10-11 km)	
9	reposo	3,5 km trote; luego 200 m, 400 m, 600 m, 800 m, 600 m, 400 m, 200 m, con recuperaciones de la mitad de tiempo que los esfuerzos; luego 2,5 trote	reposo u 8-10 km lento	
10	reposo	1,6 km trote, luego 1,6 km intenso, luego 3,5 km trote	reposo o 6-7 km lento	

CORREDORES DE MEDIO MARATÓN: Las variaciones en tu programa son las cifras entre paréntesis.

sólo para medio maratón

programa de maratón (4:15+)

Antes de comenzar debes poder correr 30-45 km durante cuatro a cinco días a la semana, con carreras largas regulares de al menos 10-12 km. Si todavía no puedes hacerlo, con el tiempo quizá puedas adquirir el potencial para completar un maratón. Sustituye las sesiones de los martes por carreras fáciles, y planifica hacer pausas de un minuto caminando cada 5-10 minutos durante tus carreras largas del domingo (éste es también un plan diario eficaz para el maratón). Añade zancadas o una versión fácil del trabajo de velocidad los martes, tan sólo si te sientes cómodo.

SEMANA	LUNES	MARTES	
1	reposo	1,6 km trote (ver p. 95); luego 2-3×800 m con recuperaciones de 2 min; luego 1,6 km trote	
2	reposo	1,5-2,5 km trote; luego 2×1.200 m, con recuperaciones de 4 min; luego 1-2,5 km trote	
3	reposo	1,5-3,5 km trote; luego 800 m, 1.200 m, 800 m, con recuperaciones de 4 min; luego 1,6 km trote	
4	reposo	1,5-3,5 km trote; luego 6×400 m, con recuperaciones de 2 min; luego 1,5-3,5 km trote	

JUEVES	VIERNES	SÁBADO	DOMINGO
11-13 km uniforme	reposo	10 min lento, 15 min intenso, 10 min lento	14-15 km lento (14-16 km)
11-13 km uniforme	reposo	10 min lento, 10 min intenso (ver p. 95), 10 min lento	14-15 km lento (14-16 km)
11-13 km uniforme	reposo	10 min lento, 10 min intenso, 10 min lento	14-15 km lento (14-16 km)
8 km fartlek fácil (ver p. 95)	reposo	reposo o 3,5 km fácil	**carrera medio maratón**

MIÉRCOLES	JUEVES	VIERNES	SÁBADO	DOMINGO
reposo u 8 km lento	8-10 km lento	reposo	8 km lento, fuera de carretera	6,5 km lento
reposo u 8 km lento	1,6 km lento, luego 5-6,5 km uniforme, luego 1,6 km lento	reposo	6,5-8 km lento, fuera de carretera	6,5 km lento
reposo u 8 km lento	3,5 km lento, luego 1,5-3,5 km intenso, luego 3,5 km lento	reposo	8-10 km lento, fuera de carretera	6,5 km lento
reposo u 8 km lento	8-11 km relajado fartlek	reposo	5-6,5 km lento, fuera carrera	carrera 10.000 m

¿cómo va? ▸▸

semanas 5-16 ▸▸

programa de maratón (4:15+)

semana 4

¿cómo va?

Tu objetivo hasta ahora es progresar cómodamente aumentando el kilometraje. Por lo tanto, no te preocupes por tu velocidad. Sin embargo, si corres los 10.000 m en menos de 50 minutos, tienes potencial para mejorar los 4:15 en un maratón. Sigue este programa, escogiendo los kilometrajes más altos cuando te sientas a punto, y revisa tu objetivo de maratón después del medio maratón en la 9ª semana. Escucha a tu cuerpo, y afloja si experimentas dolores y molestias.

SEMANA	LUNES	MARTES	MIÉRCOLES
5	reposo	1,6 km trote; luego 3-4×800 m con recuperaciones de 2 min, luego 1,6 km trote	reposo u 8 km lento
6	reposo	1,6 km trote; luego 3×1.200 m con recuperaciones de 4 min, luego 1,6 km trote	reposo u 8 km lento
7	reposo	1,6 km trote; luego 1.200 m, 800 m, 400 m, 800 m, 1.200 m, con recuperaciones de la mitad de tiempo que los esfuerzos; luego 1,6 km trote	reposo u 8 km lento
8	reposo	1,5-3,5 km trote; luego 8×400 m, con recuperaciones de 2 min; luego 1,5-3,5 km	reposo u 8 km lento
9	reposo	1,6 km trote; luego 4-5×800 m, con recuperaciones de 2 min; luego 1,6 km trote	reposo o 10 km
10	reposo	1,6 km trote; luego 4×1.200 m, con recuperaciones de 4 min; luego 1,6 km trote	5-8 km lento
11	reposo	1,6 km trote; luego 400 m, 800 m, 400 m, 1.600 m, 400 m, 800 m, 400 m, con recuperaciones de la mitad de tiempo que los esfuerzos; luego 1,6 km trote	7-11 km lento
12	reposo	1,5-3,5 km trote; luego 10-12×400 m, con recuperaciones de 2 min; luego 1,5-3,5 km trote	reposo u 8 km lento
13	reposo	1,6 km trote; luego 2.400 m, 1.200 m, 2.400 m, con recuperaciones de 4 min; 1,6 km trote	7-11 km lento
14	reposo	1,6 km trote; luego 4×800 m, con recuperaciones de 2 min; luego 1,6 km trote	8-10 km lento
15	reposo	1,5-3,5 km trote; luego 6-8×400 m, con recuperaciones de 2 min; lento 1,5-3,5 km trote	reposo o 10 km lento
16	reposo	1,6 km trote; luego 1,5-3,5 km uniforme, luego 1,6 km trote	reposo o 6,5-8 km lento

JUEVES	VIERNES	SÁBADO	DOMINGO
1,6 km lento, 5-6,5 km uniforme, luego 1,6 km lento	reposo	8 km lento, fuera de carretera (ver p. 95)	16-24 km lento
3,5 km lento, luego 1,5-3,5 km intenso, luego 3,5 km lento	reposo	8 km lento, fuera de carretera	17-24 km lento
3,5 km lento, 6,5 km uniforme, luego 3,5 km lento	reposo	6,5-8 km lento, fuera de carretera	carrera de 16 km a medio maratón, o 19-25 km lento
6,5-8 km fartlek relajado	reposo	6,5-8 km lento, fuera de carretera	18-25 km lento
			¿cómo va? ▸▸
1,6 km lento, luego 5-8 km uniforme, luego 1,6 km lento	reposo	6,5-8 km lento, fuera de carretera	carrera medio maratón
1,6 km lento, luego 6,5 km intenso, 1,6 km lento	reposo	6,5-8 km lento, fuera de carretera	23-30 km lento
8-10 km fartlek	reposo	8 km lento, fuera de carretera	25-30 km lento
1,6 km lento, luego 6,5-8 km uniforme	reposo	6,5-8 km lento, fuera de carretera	21-25 km lento
			¿cómo va? ▸▸
3,5 km lento, luego 1,5-3,5 km intenso, luego 3,5 km lento	reposo	6,5-8 km lento, fuera de carretera	29-35 km lento
10-11,5 km fartlek	reposo	6,5-8 km lento, fuera de carretera	21-25 km lento o carrera de 10 a 16 km
3,5 km lento, luego 1,5-3,5 km intenso, luego 3,5 km lento	reposo	6,5-8 km lento, fuera de carretera	13-16 km lento
6,5 km lento, inc. zancadas	reposo	reposo o 5-6,5 km lento	**maratón**

semana 8

¿cómo va?
Estás a medio camino en tu objetivo de maratón, tu cuerpo se está convirtiendo en una máquina de correr más eficaz, pues tus células musculares aprenden a procesar el oxígeno y a utilizar más eficientemente la energía, y tu sistema cardiovascular se vuelve más fuerte. El medio maratón de la semana siguiente te ha de dar una idea aproximada de tu potencial de maratón:
2:15 = 5:00
2:00 = 4:26
1:48 = 3:58
1:35 = 3:28

semana 12

¿cómo va?
Las semanas números 10, 11 y 13 son las más exigentes en tu programa, pero ahora ya llevas tres meses de entrenamiento para el maratón. Después de la semana 13ª, tu preparación casi se ha completado –todo lo que tienes que hacer es seguir sano, bien descansado y libre de lesiones durante dos semanas–. Es el momento para aplicar fisioterapia ante cualquier pequeña lesión, y afinar tu estrategia en cuanto a comida y bebida antes y durante la carrera.

nivel superior

Este nivel es para aquellos que pueden correr 40-56 km de cuatro a seis días a la semana. Contiene un programa de forma física para correr, un programa de 10.000 m y medio maratón, y un programa de maratón. Hemos añadido objetivos de tiempos aproximados a los programas de carrera (40-50 minutos, 1:30-1:50 y 3:30-4:15 respectivamente, pero es más importante que selecciones un programa con un volumen de entrenamiento apropiado para tu forma física actual.

programa de forma física del nivel 5

CUATRO SEMANAS, REPETIBLE

Antes de comenzar debes poder correr durante 40-48 minutos, cinco o seis días a la semana, con trabajo de velocidad regular.

Para utilizar el programa de forma física, sigue en primer lugar las sesiones principales. Si deseas progresar cuando hayas acabado cómodamente las cuatro primeras semanas, repite el programa incorporando las variaciones del 2º ciclo.

Si deseas entrenar más tiempo, sustituye tus carreras largas del domingo por otras más cortas, que han sido diseñadas más específicamente para personas que normalmente no hacen una carrera larga. Para un entrenamiento sin finalidad de maratón, la mayoría de entrenadores recomiendan una carrera el domingo de una hora y cuarto a dos horas.

SEMANA	LUNES	MARTES
1	reposo o 25-40 min lento	10 min trote; luego 8×2 min (o 400 m) rápido, con recuperaciones de 90 seg al trote, luego 10 min trote
CICLO 2		añadir dos repeticiones
2	reposo o 25-40 min lento	10 min lento, luego 20-25 min fartlek, luego 10 min lento
CICLO 2		añadir 5 min fartlek
3	reposo o 25-40 min lento	10 min lento; luego 1 min, 2 min, 4 min, 6 min, 4 min, 2 min, 1 min (o 200 m, 400 m, 800 m, 1.600 m, 800 m, 400 m, 200 m) rápido con recuperaciones de la mitad de longitud; luego 10 min lento
CICLO 2		añadir 30 seg a cada esfuerzo
4	reposo o 25-40 min lento	10 min lento; luego 4-5×4 min (u 800 m), con recuperaciones de 3 min al trote, luego 10 min lento
CICLO 2		añadir una repetición

¿cómo entreno para los 16 kilómetros?

Un programa de medio maratón es una buena base para el entrenamiento de las 16 kilómetros. Sin embargo, así como disminuimos las carreras largas en unos pocos kilómetros, puedes adaptar los programas de medio maratón para una carrera de 16 km corriendo sesiones a umbral. Por ejemplo, trota 3-4 km de calentamiento, luego corre 5-6 kilómetros, a 10-15 segundos por kilómetro más lento que tu velocidad de los 10.000 m, luego trota 1,6 km de recuperación. Alternativamente, en un fin de semana largo o en una carrera a media semana, corre cómodamente durante 3-4 km, luego otros 3-4 km a ritmo de 16 km, luego cómodamente otros 5 km, y luego 3-4 km más a ritmo de 16 km, y por último 1.600 m cómodamente. Esto te acostumbrará al ritmo y a la distancia de los 16 km.

semana 4

MIÉRCOLES	JUEVES	VIERNES	SÁBADO	DOMINGO
30-40 min lento	30-40 min lento, o 10-15 min trote, luego 8-10×1 min en cuesta y bajadas al trote; luego 10-15 min tarde	reposo	30-40 min lento	45-55 min lento
	añadir 5-10 min lento, o repeticiones en cuesta			añadir 10 min
30-40 min lento	30-40 min lento, o 10-15 min trote, luego 2×10 min intenso; con recuperación de 5 min al trote; luego 10 min trote	reposo	30-40 min lento	50-60 min lento
	añadir 5-10 min lento, o 2 min cada repetición			añadir 15 min
35-50 min lento	35-45 min lento, o 10-15 min trote, luego 20-25 min fartlek estallido largo	reposo	35-45 min lento con zancadas	55-65 min lento
	añadir 5-10 min lento, o 5 min fartlek			añadir 15 min
35-50 min lento	35-45 min lento, o 35-45 min uniforme, en camino montañoso	reposo	35-45 min lento, con zancadas	carrera 5-10 km o correr 60-70 min lento
	añadir 5-10 min			carrera 8-16 km o añadir 15 min

¿cómo va?
Tómate tu tiempo. Si te cansas frecuentemente, o si tienes dolores y molestias persistentes, no dudes en sustituir una carrera larga o difícil por otra más corta o más fácil. Si has llegado al final de la 4ª semana sin problemas, y quieres estar a punto para el nivel 6, pasa al 2º ciclo. De lo contrario, repite el primer ciclo hasta que te sientas cómodo. Al final del 2º ciclo, repítelo o pasa al nivel 6.

5

programas de 10 km y medio maratón

Antes de comenzar debes poder correr 40-55 km durante cinco a seis días a la semana.

CORREDORES DE MEDIO MARATÓN: Las variaciones en tu programa son las cifras entre paréntesis.

Complementar tus carreras con otras actividades, tales como ciclismo, natación o remo, es una manera excelente de aumentar tu forma física con un riesgo mínimo de lesiones. Los entrenamientos de fuerza y flexibilidad –tales como pesas y yoga– también son muy útiles.

sólo para medio maratón

SEMANA	LUNES	MARTES	MIÉRCOLES
1	reposo o 6-8 km lento	2,5 km trote; luego 6×400 m con recuperaciones de 2 min, luego 2,5 km trote	6,5-8 km lento
2	reposo o 6-8 km lento	2,5 km trote; luego 6×600 m con recuperaciones de 2,5 min, luego 2,5 km trote (3-4×1.200 m con recuperaciones de 3 min)	6,5-8 km lento
3	reposo o 6-8 km lento	2,5 km trote; luego 1,6 km con tiempo medido; luego 2,5 km trote	6,5-8 km lento (8-10 km)
4	reposo o 6-8 km lento	3,5 km trote; luego 2×200 m, 400 m, 800 m, 400 m, 200 m, con recuperaciones la mitad de tiempo con 3 min extra entre series; luego 3,5 km trote	6,5-8 km lento (8-10 km)
5	reposo o 6-8 km lento	2,5 km trote; luego 6×800 m, con recuperaciones de 3 min; luego 2,5 km trote	8-10 km lento (11-13 km)
6	reposo o 6-8 km lento	3,5 km trote; luego 1,6 km trote con medición de tiempo; luego 3,5 km trote (hacer sesión del sábado)	8-10 km lento (11-13 km)
7	reposo o 6-8 km lento	2,5 km trote; luego 5×1.200 m, con recuperaciones de 3 min; luego 2,5 km trote	8-10 km lento
8	reposo o 6-8 km lento	2,5 km trote; luego 8×400 m, con recuperaciones de 2 min; luego 2,5 km trote (5-6,5 km con recuperaciones de 4 min)	6,5-8 km lento (13-14,5 km)
9	reposo o 6-8 km lento	3,5 km trote; luego 2×200 m, 400 m, 800 m, 400 m, 200 m, con recuperaciones la mitad de tiempo que los esfuerzos, con 3 min extra entre series; 3,5 km trote	8-10 km lento
10	reposo o 6-8 km lento	1,6 km trote; luego 3,5 km intenso, luego 1,6 km trote	8 km lento

(APROX. 40-50 MIN +/– 10.000 m; 1:50+ MEDIO MARATÓN)

JUEVES	VIERNES	SÁBADO	DOMINGO
8-10 km uniforme	reposo	10 min lento, 15 min intenso, 10 min lento	10 km lento (11 km)
8-10 km uniforme	reposo	10 min lento, luego 35 min fartlek	11 km lento (13 km)
8-10 km uniforme	reposo	2,5 km trote; luego 5×800 m, con recuperaciones de 3 min, luego 2,5 km trote	13 km lento (15 km)

¿cómo va? ▶▶

8-10 km uniforme	reposo	10 min lento, 25-30 min intenso, 10 min lento	10 km lento (11,5 km)
10-11 km uniforme	reposo	10 min lento, luego 40 min fartlek	13 km lento (14,5 km)
11-13 km uniforme	reposo	3,5 km trote, luego 12×1 min subida y bajada; 3,5 km trote (6,5 km lento inc. zancadas)	14,5 km lento (carrera 10 km)

¿cómo va? ▶▶

11-13 km uniforme	reposo	10 min lento, 15 min intenso, 10 min lento	29-35 km lento
6,5-8 km uniforme (11-13 km)	reposo	35 min lento, inc. zancadas (10 min lento, luego 35 min fartñek)	carrera de 10 km (19-21 km lento)
8-10 km uniforme	reposo	10 min lento, 15 min intenso, 10 min lento	11-14 km lento
8 km fácil fartlek	reposo	reposo o 5 km fácil, inc. zancadas opcionales	**carrera medio maratón**

¿cómo va?

4ª semana
Puedes obtener un objetivo aproximado para los 10.000 m sobre la base de la prueba medida de 1,6 km del último martes:

8 min = 58 min
7 min = 51 min
6 min = 43 min
5:30 min = 39 min
5 min = 36 min

6ª semana
Para corredores de medio maratón, la carrera de los 10.000 m del domingo debe servir para proporcionar una buena orientación sobre el objetivo del medio maratón:

58 min = 2:15
51 min = 1:57
47 min = 1:48
43 min = 1:39
39 min = 1:30
38 min = 1:26
36 min = 1:21

5

programa de maratón (3:30-4:15)

Antes de comenzar, debes poder correr 45-58 km durante cinco días a la semana, con largas carreras regulares de 10-12 km.

semana 4

¿cómo va?
Tu objetivo hasta ahora ha sido progresar cómodamente con aumento del kilometraje, por tanto no te preocupes por la velocidad. Sin embargo, si haces los 10.000 m en menos de 42 minutos tienes potencial para superar la marca de 3:30 en tu maratón. Sigue ahora este programa, escogiendo los kilometrajes más altos a medida que te sientas bien, y evalúa de nuevo tu objetivo de maratón después del medio maratón en la 9ª semana. Recuerda que si experimentas dolores y molestias persistentes debes tomarte algún descanso. Si entonces no se calma tu dolor, consulta con un médico.

SEMANA	LUNES	MARTES	MIÉRCOLES
1	reposo	2,5 km trote; 4-5×800 m, con recuperaciones de 2 min, luego 1,5-2,5 km trote	6,5-10 km lento
2	reposo	2,5 km trote; 2-3×1.600 m, con recuperaciones de 3 min, luego 1,5-2,5 km trote	6,5-10 km lento
3	reposo	1,5-2,5 km trote; luego 400 m, 800 m, 1.200 m; 1.200 m (opcional); 800 m, 400 m, con recuperaciones la mitad de tiempo que los esfuerzos; luego 1,5-2,5 km trote	6,5-10 km lento
4	reposo	1,5-3,5 km trote; luego 8-10×400 m, con recuperaciones de 90 seg, luego 1,5-3,5 km trote	6,5-10 km lento
5	reposo o 5 km lento	1,5-2,5 km trote; luego 5-6×800 m, con recuperaciones de 2 min, luego 1,5-2,5 km trote	6,5-8 km lento
6	reposo o 6,5 km lento	1,5-2,5 km trote; luego 3-4×1.600 m, con recuperaciones de 3 min, luego 1,5-2,5 km trote	6,5-8 km lento
7	reposo o 6,5 km lento	10 km fartlek, o si no corres el domingo, haz 1,5-3 km trote; luego 1.600 m, 1.200 m, 800 m, 1.200 m, 1.600 m, con recuperaciones de la mitad de tiempo que los esfuerzos; luego 1,5-2,5 km trote	8-11 km lento
8	reposo o 6,5 km lento	1,5-3,5 km trote; luego 8-10×400 m, con recuperaciones de 90 seg, luego 1,5-3,5 km trote; a ritmo suave si corres fuerte el domingo	6,5-8 km lento

¿por qué necesito trabajo de velocidad para un maratón?

Los beneficios del trabajo de velocidad van más allá de enseñar meramente a tu cuerpo el sprint. Correr rápidamente, en especial de forma repetida, te permite utilizar el oxígeno más eficazmente y eleva el umbral en el que tus músculos comienzan a cansarse. También fortalece tus piernas, y quema muchas más calorías que la carrera normal, incluso horas después de la sesión. Todo esto beneficia a un corredor de maratón. El trabajo de velocidad también es importante mentalmente. La capacidad de correr con piernas cansadas es muy valiosa en un maratón, y el trabajo de velocidad es una manera concentrada de conseguirlo.

JUEVES	VIERNES	SÁBADO	DOMINGO
8-10 km salida lenta, final más rápido	reposo	8 km lento, fuera de carretera	11,5-16 km lento
1,6 km lento; 5-6,5 km uniforme; 1,6 km lento	reposo	8 km lento, fuera de carretera	14-19 km lento
3,5 km lento, luego 3,5-5 km intenso; luego 3,5 km lento	reposo	8-10 km lento, fuera de carretera	17-23 km lento
8-11 km fartlek relajado	reposo	6,5-10 km lento, fuera de carretera	carrera 10.000 m (objetivo 42-51 min)

◀◀ ¿cómo va?

1,6 km lento, luego 6,5 km uniforme; luego 1,6 km lento	reposo	8 km lento, fuera de carretera	21-25 km lento
3,5 km lento, luego 1,5-3,5 km intenso; luego 3,5 km lento	reposo	8-11,5 km lento, fuera de carretera	25-31 km lento
8 km uniforme	reposo	8 km lento, fuera de carretera	carrera 16 km a medio maratón o 23,5-25,5 km lento
6,5-8 km fartlek relajado	reposo	6,5-8 km lento, fuera de carretera	23,5-25,5 km lento

¿cómo va? ▶▶

semana 8

¿cómo va?
Ya estás a medio camino de tu objetivo de maratón. Tu cuerpo se está convirtiendo en una máquina de correr más eficiente. No te preocupes si no lo notas de esta manera. En los dos últimos meses has aumentado tu kilometraje semanal en un 50 por ciento, y has duplicado la longitud de tus carreras largas, todo lo cual requiere una forma física extra. Sin embargo, si las semanas más fáciles (la 4, la 8 y la 12) te han dejado una sensación de agotamiento, es el momento para aflojar. Corre cómodamente distancias cortas durante una semana y luego reanuda el programa.

programa de maratón (3:30-4:15)

Aunque en esta etapa quizás encuentres duro el entrenamiento, recuerda que vale la pena efectuar la preparación correcta para alcanzar tu objetivo de finalizar un maratón en menos de 4:15. Y no hay nada como el sentimiento de satisfacción cuando cruzas la meta.

semana 12 – ¿cómo va?

Las semanas 10, 11 y 13 son las más exigentes en tu programa, por tanto no te sorprendas si te cansas. La buena noticia es que después de la semana 13 las cosas mejoran notablemente al saber con toda seguridad que has dejado atrás tres meses de entrenamiento de forma física para el maratón. Casi se ha completado tu preparación. Ahora todo lo que tienes que hacer es seguir sano, bien descansado y libre de lesiones durante dos semanas. Ahora es el momento de aplicar fisioterapia a cualquier pequeña lesión, y afinar tu estrategia de comida y bebida antes y durante la carrera, si es que todavía no lo habías hecho (ver págs. 30-31 para más detalles).

objetivos de carrera

El medio maratón de la 9ª semana debe servirte de orientación aproximada sobre tu potencial para el maratón:

2:00 = 4:26
1:48 = 3:58
1:35 = 3:28
1:29 = 3:14

Tu mejor plan de medio maratón, si no estás seguro de tu potencial, es empezar de modo conservador, y acelerar muy gradualmente cada 5 km.

SEMANA	LUNES	MARTES
9	reposo o 6,5 km lento	10 km fartlek
10	reposo o 6,5 km lento	1,5-2,5 km trote; 3-5×1.600 m, con recuperaciones de 3 min, luego 1,5-2,5 km trote; suave si corres fuerte el domingo
11	reposo o 6,5 km lento	1,5-2,5 km trote; luego 400 m (opcional), 800 m, 400 m, 1.200 m, 400 m, 1.600 m, 400 m, 1.200 m, 400 m, 800 m, 400 m (opcional), con recuperaciones la mitad de tiempo que los esfuerzos, luego 1,5-2,5 km trote
12	reposo o 6,5 km lento	1,5-3 km trote; 12-14×400 m, con recuperaciones de 90 seg, luego 1,5-3,5 km trote
13	reposo o 6,5 km lento	2,5 km trote; 3.200 m, 1.600 m, 3.200 m, con recuperaciones de 4 min; luego 2,5 km trote
14	reposo o 6,5 km lento	1,5-2,5 km trote; 4-5×800 m, con recuperaciones de 2 min, luego 1,5-2,5 km trote
15	reposo o 6,5 km lento	1,5-3,5 km trote; 8-10×400 m, con recuperaciones de 90 seg, luego 1,5-2,5 km trote; corre suave si has corrido fuerte el domingo
16	reposo o 6,5 km lento	1,6 km trote; 1,5-3,5 km uniforme, luego 1.500 m trote

¿persiste alguna lesión?

Si alguna lesión te impide correr adecuadamente durante el mes final de los programas, debes considerar seriamente el aplazamiento de tu maratón. Si te has visto obligado a perderte más de dos semanas de entrenamiento desde que comenzaste los programas, será prudente revisar tu objetivo original de tiempo (al menos corre la primera mitad del maratón más lentamente de lo que habías planeado). Para más consejos sobre el día de la carrera, ver págs. 90-91.

MIÉRCOLES	JUEVES	VIERNES	SÁBADO	DOMINGO
8-13 km lento	1,6 km lento, luego 8 km uniforme	reposo	8 km lento, fuera de carretera	carrera medio maratón (objetivo 1:35-1:58)
6,5-10 km lento	1,6 km lento, luego 6,5 km intenso, luego 1,6 km lento	reposo	6,5-8 km lento, fuera de carretera	28-32 km lento
6,5-11,5 km lento	8-10 km fartlek	reposo	8 km lento, fuera de carretera	30-35 km lento
6,5-8 km lento	8-10 km uniforme	reposo	6,5-8 km lento, fuera de carretera	25-29 km lento
8-14 km lento	3,5 km lento, luego 3,5-5 km intenso, luego 3,5 km lento	reposo	8-10 km lento, fuera de carretera	29-32 km lento
10-11,6 km lento	11,5-13 km fartlek	reposo	6,5-8 km lento, fuera de carretera	21-25 km lento o carrera de 10 km a medio maratón
6,5-13 km lento	3,5 km lento, luego 3,5-5 km intenso, luego 3,5 km lento	reposo	8 km lento, fuera de carretera	13-16 km lento
6,5-8 km lento	6,5 km lento, inc. zancadas	reposo	reposo o 3,5-6,5 km lento	**maratón**

nivel expertos

Este nivel es para quienes han conseguido correr 48-65 km durante seis o siete días a la semana. Contiene un programa de forma física para carrera, un programa para 10.000 m y medio maratón, y un programa para maratón. Hemos agregado objetivos aproximados de tiempo a los programas de carrera (34-40 minutos, 1:15-1:30, y 2:50-3:30 respectivamente), pero lo más importante es que selecciones un programa con el volumen de entrenamiento adecuado para tu forma física. No te preocupes por retrasarte algunas semanas si el entrenamiento te causa dolor. Es mejor lograr correr bien con un volumen de entrenamiento bajo que conseguir un resultado mediocre con un volumen alto.

programas de forma física del nivel 6

Antes de comenzar debes poder correr durante 40-50 minutos, de seis a siete días a la semana, incluyendo trabajo de velocidad regular.

Para utilizar este programa de forma física, sigue básicamente las sesiones principales. Si deseas progresar después de haber completado cómodamente el primer ciclo de cuatro semanas, repite el programa, incorporando las variaciones del 2° ciclo.

Debido a que quizás ya corras 90 minutos o más los domingos, debes sentirte libre para sustituir estas carreras por otras más cortas, diseñadas para personas que normalmente no corren distancias largas. Para el entrenamiento que no es de maratón, la mayoría de entrenadores recomiendan una carrera el domingo con una duración de una hora y cuarto a dos horas.

SEMANA	LUNES	MARTES
1	30-40 min lento	10 min trote; luego 12×2 min (o 400 m) rápido, con recuperaciones de 90 seg al trote, luego 10 min trote
CICLO 2		**añadir dos repeticiones**
2	30-40 min lento	10 min lento, luego 20-25 min fartlek duro, 10 min lento
CICLO 2		**añadir 5 min fartlek**
3	30-50 min lento	10 min lento; luego 6 min, 4 min, 2 min, 1 min, 2 min, 4 min, 6 min (o 1.600 m, 800 m, 400 m, 200 m, 400 m, 800 m, 1.600 m) rápido con recuperaciones de la mitad de tiempo; luego 10 min lento
CICLO 2		**añadir 30 seg a cada esfuerzo**
4	30-50 min lento	10 min lento; luego 5-6×4 min (u 800 m), con recuperaciones de 3 min al trote, luego 10 min lento
CICLO 2		**añadir una repetición**

guía de trabajo de velocidad

Tu ritmo de trabajo de velocidad debe ser simplemente aquel que puedas mantener fuertemente, pero de modo uniforme, y variará de acuerdo con la duración de tus repeticiones y recuperaciones. Aquí damos una guía sobre los promedios que previsiblemente puedes conseguir:

40 min para 10 km: 400 m = 1:25; 800 m = 3:00; 1.200 m = 4:50
38 min para 10 km: 400 m = 1:22; 800 m = 2:53; 1.200 m = 4:40
35 min para 10 km: 400 m = 1:15; 800 m = 2:40; 1.200 m = 4:15

MIÉRCOLES	JUEVES	VIERNES	SÁBADO	DOMINGO	**semana 4**
35-45 min lento	35-45 min lento, o 10 a 15 min trote, luego 10-12×1 min en cuesta y bajadas al trote; luego 10 a 15 min trote	reposo	35-45 min lento	50-60 min lento	**¿cómo va?** Tómate tu tiempo. Si sientes dolores y molestias persistentes, no dudes en sustituir una carrera larga o difícil por otra más corta o más fácil. Si has llegado al final de la 4ª semana sin problemas, y quieres mejorar tu forma física, pasa al 2º ciclo. De lo contrario, repite el primer ciclo tanto tiempo como desees.
	añadir 5-10 min lento, o 2 repeticiones en cuesta			añadir 10 min	
35-45 min lento	35-45 min lento, o 10 min trote, luego 2×10 min intenso; con recuperación de 5 min al trote; luego 20 min trote	reposo	35-45 min lento	55-65 min lento	
	añadir 5-10 min lento, o 2 min cada repetición			añadir 15 min	
40-55 min lento	40-55 min lento, o 10 a 15 min trote, luego 25-30 min fartlek explosivo largo	reposo	40-50 min lento con zancadas	60-70 min lento	
	añadir 5-10 min lento, o repeticiones en cuesta			añadir 15 min	
40-55 min lento	40-50 min lento, o 40-50 min uniforme, cuesta arriba	reposo	40-50 min lento, con zancadas	carrera 5 km, o correr 65-75 min lento	
	añadir 5-10 min			carrera 5 km a medio maratón o añadir 15 min	

programas de 10 km y medio maratón

(APROX. 34 A 40 MIN 10.000 m; 1:15-1:30 MEDIO MARATÓN)

SEMANA	LUNES	MARTES
1	reposo u 8-10 km lento	2,5 km trote; luego 8×400 m con recuperaciones de 2 min, luego 2,5 km trote
2	reposo u 8-10 km lento	2,5 km trote; 8×600 m con recuperaciones de 2,5 min, luego 2,5 km trote (4-5×1.200 m con recuperaciones de 3 min)
3	reposo u 8-10 km lento	3,5 km trote; luego 1.600 m con tiempo medido; luego 3,5 km trote
4	reposo u 8-10 km lento	3,5 km trote; luego 2×200 m, 400 m, 600 m, 800 m, 600 m, 400 m, 200 m, con recuperaciones la mitad de tiempo que los esfuerzos; 5 km extra entre series; luego 3,5 km trote
5	reposo u 8-10 km lento	2,5 km trote; luego 8×800 m, con recuperaciones de 3 min; luego 2,5 km trote
6	reposo u 8-10 km lento	3,5 km trote; luego 1.600 m trote con medición de tiempo; luego 3,5 km (hacer sesión del sábado)
7	reposo u 8-10 km lento	2,5 km trote; luego 6×1.200 m, con recuperaciones de 3 min; luego 2,5 km trote
8	reposo u 8-10 km lento	2,5 km trote; luego 9×400 m, con recuperaciones de 2 min; luego 2,5 km trote (4-5×1,5 km con recuperaciones de 4 min)
9	reposo u 8-10 km lento	3,5 km trote; luego 2×200 m, 400 m, 600 m, 800 m, 600 m, 400 m, 200 m, con recuperaciones la mitad de tiempo que los esfuerzos, con 3 min extra entre series; 3,5 km trote
10	reposo u 5-6,5 km lento	1.500 m trote; luego 3,5 km intenso, luego 3,5 km trote

(sólo para medio maratón — aplicable a las semanas 9 y 10)

3ª semana – ¿cómo va?

Corredores de 10.000 m: Puedes fijarte un tiempo aproximado como objetivo para los 10.000 m sobre la base de la prueba controlada de 1.600 m del martes:

6:30 = 47 min
6 min = 43 min
5:30 min = 39 min
5 min = 36 min
4:40 = 34 min

Medio maratonianos: Es más difícil predecir los tiempos para un medio maratón basándose en la carrera de 1.600 m, pero potencialmente equivalen a 1:48, 1:39, 1:30, 1:21, y 1:15 respectivamente.

Si corres los 1.600 m en más de 6:30 está bien, siempre que estés cómodo con la distancia y la intensidad de este programa.

6ª semana – ¿cómo va?

Corredores de 10.000 m: No te preocupes si el tiempo de prueba de la última semana no fue tan rápido como el de la primera –sólo llevas tres semanas de entrenamiento–. Sigue utilizando el tiempo de los 1.600 m como guía (ver anteriormente). Practica un día de carrera a tu ritmo propio, luego acelera en los 2 últimos 3 kilómetros si te sientes fuerte.

Medio maratonianos: Puedes calcular el tiempo de un medio maratón partiendo del tiempo de tu carrera de 10.000 m del domingo:

47 min = 1:48
43 min = 1:39
39 min = 1:30
38 min = 1:26
36 min = 1:21

Antes de comenzar, debes ser capaz de
correr 50-65 km cada semana.

Corredores de medio maratón: las variaciones a
tu programa son las cifras entre paréntesis.

MIÉRCOLES	JUEVES	VIERNES	SÁBADO	DOMINGO
8-10 km lento	8-10 km uniforme	reposo	10 min lento, 20 min intenso, 10 min lento	13 km lento (14,5 km)
8-10 km lento	8-10 km uniforme	reposo	10 min lento, luego 35 min fartlek	14,5 km lento (16 km)
8-10 km lento (10-11,5 km)	8-10 km uniforme	reposo	2,5 km trote; luego 6×800 m, con recuperaciones de 3 min, luego 2,5 km trote	16 km lento (17,5 km)

◀◀ ¿cómo va?

MIÉRCOLES	JUEVES	VIERNES	SÁBADO	DOMINGO
8-10 km lento (10-11,5 km)	8-10 km uniforme	reposo	10 min lento, 25-30 min intenso, 10 min lento	13 km lento (10 km)
8-10 km lento (10-11,5 km)	11,5-13 km uniforme	reposo	10 min lento, luego 40 min fartlek	16 km lento (17,5 km)
8-10 km lento (10-11,5 km)	13-14,5 km uniforme	reposo	3,5 km trote, luego 12×1 min subida, trote bajada; 3,5 km trote (6,5 km lento inc. zancadas)	17,5 km lento (carrera de 10 km)

◀◀ ¿cómo va?

MIÉRCOLES	JUEVES	VIERNES	SÁBADO	DOMINGO
8-10 km lento (10-11,5 km)	11,5-13 km uniforme	reposo	10 min lento, 20 min intenso, 10 min lento	19 km lento (19-23,5 km)
6,5-8 km lento (10-11,5 km)	10-11,5 km uniforme (11,5-13 km)	reposo	35 min lento, inc. zancadas (10 min lento, luego 40 min fartlek)	carrera de 10 km (22,5-25 km lento)
8-10 km lento	10-11,5 km uniforme	reposo	10 min lento, 20 min intenso, 10 min lento	13-16 km lento
10 km lento	8-11,5 km fartlek flojo	reposo	6,5 km flojo, inc. zancadas	**carrera medio maratón**

6

programa de maratón (2:50-3:30)

Antes de comenzar este programa, debes ser capaz de correr 48-65 km durante seis o siete días a la semana.

SEMANA	LUNES	MARTES	MIÉRCOLES	
1	6,5 km lento	1,5-3,5 km trote; 5-6×800 m, con recuperaciones de 2 min, luego 1,5-2,5 km trote	8-10 km lento	
2	6,5 km lento	1,5-3,5 km trote; 3-4×1.600 m, con recuperaciones de 3 min, luego 1,5-2,5 km trote	8-10 km lento	
3	6,5 km lento	1,5-3,5 km trote; luego 400 m, 800 m, 1.200 m; 1.600 m (opcional); 1.200 m, 800 m, 400 m, con recuperaciones de la mitad de tiempo que los esfuerzos; luego 1,5-2,5 km trote	8-10 km lento	
4	6,5 km lento	1,5-3,5 km trote; luego 10-12×400 m, con recuperaciones de 90 seg, luego 1,5-3,5 km trote	8-11,5 km lento	
5	6,5 km lento	1,5-3,5 km trote; luego 6-7×800 m, con recuperaciones de 2 min, luego 1,5-3,5 km trote	8-10 km lento	
6	6,5 km lento	1,5-3,5 km trote; luego 4-5×1.600 m, con recuperaciones de 3 min, luego 1,5-3,5 km trote	6,5-8 km lento	
7	6,5 km lento	10 km fartlek, o si no corres el domingo, haz 1,5-3,5 km trote; 1.600 m, 1.200 m, 800 m, opcional 400 m y 800 m, 1.200 m, 1.600 m, con recuperaciones de la mitad de tiempo que los esfuerzos; 1,5-3,5 km trote	10-11,5 km lento	
8	6,5 km lento	1,5-3,5 km trote; luego 10-12×400 m, con recuperaciones de 90 seg; 1,5-3,5 km trote; ritmo flojo si corres duro el domingo	6,5-8 km lento	

semana 4

¿cómo va?
Tu objetivo hasta ahora ha sido progresar cómodamente aumentando el kilometraje. Así pues, no te preocupes por la rapidez. Usa la siguiente guía para prever los tiempos potenciales en el maratón:

42 min = 3:30
40 min = sub-3:15
36 min = 3:00
35 min = 2:50

Cualquiera que sea tu ritmo, escucha a tu cuerpo, y afloja si experimentas dolores o molestias persistentes. Si tu dolor no responde al descanso, consulta con tu médico.

JUEVES	VIERNES	SÁBADO	DOMINGO
1,5-3,5 km trote; 10-14× 1 min, subidas en cuesta, trote bajando, luego 1,5-3,5 km trote	8 km lento o reposo	8 km lento, fuera de carretera	13-17 km lento
1,6 km trote; luego 20-30 min fartlek; 1,6 km trote	8 km lento o reposo	8 km lento, fuera de carretera	16-21 km lento
3,5 km trote, luego 2×10 min intenso, con recuperaciones de 5 min; luego 2,5 km trote	8 km lento o reposo	8 km lento, fuera de carretera	19-25 km lento
1,6 km trote; luego 20-30 min fartlek (esfuerzos más largos)	8 km lento o reposo	8 km lento, fuera de carretera, opcional 3,5-5 km uniforme	carrera 10.000 m (objetivo 35-42 min)
1,5-3,5 km trote; luego 12-16×1 min subida, bajada al trote; 1,5-3,5 km trote	8 km lento o reposo	8 km lento, fuera de carretera	22,5-28 km lento
1,6 km trote; luego 25-35 min fartlek (esfuerzos más cortos), luego 1,6 km trote	6,5 km lento o reposo	8 km lento, fuera de carretera	26-32 km lento, inc. 8-11 km uniforme
2,5 km trote; luego 2×15 min intenso con recuperaciones de 5 min al trote; luego 2,5 km trote	8 km lento o reposo	8 km lento, fuera de carretera, opcional 3,5-5 km uniforme	16 km a medio maratón o 22-25 km lento
1,5-3,5 km trote; luego 4-7×2 a 3 min subida en cuesta, bajada al trote; 1,6 km trote	reposo	6,5 km lento, fuera de carretera	25-29 km lento

semana 8

¿cómo va?
Ya estás a medio camino de tu objetivo de maratón. Tu cuerpo se está convirtiendo en una máquina de correr más eficiente. En los dos últimos meses has aumentado tu kilometraje semanal un 50 por ciento, y has duplicado la distancia de tu carrera larga, todo lo cual te exige una forma física extra. El medio maratón de la semana siguiente te dará una idea aproximada de tu potencial para el maratón:

1:40 = 3:40
1:35 = 3:28
1:29 = 3:14
1:22 = 2:58
1:20 = 2:52

¿cómo va? ▸▸

semanas 9-16 ▸

6

programa de maratón (2:50-3:30)

SEMANA	LUNES	MARTES	MIÉRCOLES	
9	8 km lento	10 km fartlek	11-13 km lento	
10	8 km lento	1,5-3,5 km trote; 4-6×1.600 m, con recuperaciones de 3 min, luego 1,5-3,5 km trote	8-13 km lento	
11	8 km lento	1,5-3,5 km trote; luego 400 m, 800 m, 1.200 m; 1.600 m (opcional); 1.200 m, 800 m, 400 m, con recuperaciones de la mitad de tiempo; luego 1,5-3,5 km trote	11,5 km lento	
12	6-5 km lento	1,5-3,5 km trote; 14-18×400 m, con recuperaciones de 90 seg, luego 1,5-3,5 km trote	6,5-8 km lento	
13	8 km lento	1,5-3,5 km trote; luego 4.800 m, 3.200 m, 1.600 m, con recuperaciones de 4 min; luego 1,5-3,5 km trote	16 km lento	
14	8 km lento	1,5-3,5 km trote; luego 5-7×800 m, con recuperaciones de 2 min; luego 1,5-3,5 km trote	10-11,5 km lento	
15	8 km lento	1,5-3,5 km trote; luego 10-12×400 m, con recuperaciones de 90 seg; luego 1,5-3,5 km trote, más flojo si corres duro el domingo	10 km lento	
16	reposo o 6,5-8 km	1,6 km trote; luego 1,5-3,5 km uniforme, luego 1,6 km trote	8 km lento	

entrenamiento dos veces al día

Añadir unas cuantas carreras fáciles por la mañana, de unos cinco y seis kilometros, a una rutina normal es una manera sencilla de aumentar la distancia semanal sin recurrir a sesiones extremadamente largas. Los corredores de Kenya lo hacen cada día sin considerarlo siquiera como parte del entrenamiento. Pero ¿tú lo necesitas? Realmente no, si corres más de 80 km a la semana, o estás entrenando para un maratón de más de tres horas. Podría ser útil si deseas correr siete días de kilometraje en seis días.

JUEVES	VIERNES	SÁBADO	DOMINGO
1,6 km trote; luego 30-40 min fartlek (esfuerzos más largos); luego 1,6 km trote	8 km lento o reposo	8 km lento, fuera de carretera, 3,5-5 km uniforme	carrera medio maratón (objetivo 1:17-1:35)
1,5-3,5 km trote; luego 2 (7×1 min) subida, con 3 min entre series; 1,5-3,5 trote	8 km lento o reposo	10 km lento, fuera de carretera	29-32 km lento, 8-13 km uniforme
2,5 km trote; luego 3×10-12 min intenso, con 4 recuperaciones; luego 2,5 km trote	8 km lento o reposo	8 km lento, fuera de carretera	30-35 km lento
1,6 km trote; luego 20-30 min fartlek (esfuerzos más cortos), luego 1,6 km trote	8 km lento o reposo	8 km lento, fuera de carretera	28-29 km lento, 8-13 km uniforme
1,5-3,5 km trote; luego 6-10×2 a 3 min subida, bajada al trote; 1,5-3,5 km trote	8 km lento o reposo	8 km lento, fuera de carretera	32-35 km lento
1,6 km trote; luego 30-40 min fartlek; luego 1,6 km trote	8 km lento o reposo	8 km lento, fuera de carretera, 3,5-5 km uniforme	21-24 km lento o carrera de 10 km a medio maratón
2,5 km trote; luego 2×10 min intenso con recuperaciones de 4 min al trote; luego 2,5 km trote	8 km lento o reposo	8 km lento, fuera de carretera	14-18 km lento
8 km lento, inc. zancadas	reposo o 6,5 km lento	reposo o 6,5 km lento	**maratón**

semana 12

¿cómo va?

Las semanas 10, 11 y 13 son las más exigentes en tu programa; por tanto no te sorprendas si te sientes cansado. Después de la semana 13 puedes relajarte sabiendo que has superado tres meses de entrenamiento de forma física para el maratón. Tu preparación casi se ha completado –todo lo que tienes que hacer ahora es permanecer sano, bien descansado y sin lesiones durante dos semanas–. Ahora es el momento de aplicar fisioterapia a cualquier pequeña lesión, y afinar tu estrategia de comida y bebida antes y durante tu carrera si no lo has hecho previamente (ver págs. 30-31 para más detalles al respecto).

3

cómo...

...correr un maratón

...perder peso y mantenerlo

...disfrutar corriendo durante el resto de tu vida

...correr un maratón

Correr un maratón puede ser una de las experiencias más satisfactorias de tu vida. Cruzarás la línea de meta sintiéndote exhausto, alborozado, casi llorando y jurando que nunca volverás a hacerlo... hasta la próxima vez. En muchos aspectos es una versión condensada de toda tu vida de carrera –y eso incluye que recibes sólo lo que has puesto–. Si quieres superar el desafío del maratón –y si deseas disfrutarlo, recomendamos que no lo intentes hasta que hayas estado corriendo durante un año al menos–, puedes encontrar muchos libros sobre el tema. Éste es una versión en pocas palabras.

el entrenamiento

sigue un programa

Es esencial correr de modo regular y progresivo. (No creas al amigo de un amigo que dice que ha progresado cómodamente después de sólo una carrera de ocho kilómetros a la semana durante un mes). Un buen programa fomentará notablemente tu resistencia y tu velocidad, hasta que al final de 16 semanas (más o menos) estés listo para afrontar el maratón en tus mejores condiciones. Eso implica combinar carreras largas, carreras rápidas y reposo para mantenerte motivado, libre de lesiones (esperemos) y fuerte.

corre rápido

Una o dos sesiones de velocidad cada semana fortalecerán tus piernas y te enseñarán a correr mejor cuando sientas cansancio en ellas.

corre larga distancia

No hay atajos en la preparación esencial del fomento de la resistencia. Tu objetivo ha de ser de cinco a ocho carreras de entre 25 y 35 kilómetros, espaciados uniformemente en las 12 semanas finales de tu entrenamiento de maratón.

reposo

Es esencial. No corras duramente en días consecutivos, descansa uno o dos días a la semana, y haz una semana a ritmo flojo cada mes.

semana de la carrera

1 No hagas nada más que carreras fáciles con unas series cortas de zancadas esta semana. Tu objetivo es permanecer en forma, pero bien descansado.

2 No te preocupes por la carga de carbohidratos: continúa comiendo porciones normales y las reservas de carburante de tus músculos se llenarán automáticamente a medida que disminuya la distancia recorrida. (Ver págs. 30-31 para más detalles sobre alimentación en el maratón).

3 En los dos últimos días, mantente especialmente bien hidratado y en forma todo lo que sea posible.

4 No te dejes tentar por vestimenta o zapatillas nuevas, o por alimentos energéticos para el día de la carrera. Debes haberlo probado todo en varias carreras largas de entrenamiento.

5 Planifica tu viaje y prepara una lista de la vestimenta para la carrera, así como ropa seca de abrigo para después de ella. Aparta algunas capas desechables para el comienzo.

6 Prepara un plan del ritmo aproximado escrito en tu mano o en el dorsal de carrera para el día de la competición.

7 Si estás enfermo o te has lesionado, considera seriamente el aplazamiento de tu maratón: 42,160 km es una distancia increíblemente implacable, incluso para un cuerpo sano.

día de la carrera

1 Concédete suficiente tiempo para comer y digerir un desayuno sencillo, previamente comprobado, de unas 400 calorías.

2 Considera la posibilidad de pausas caminando estrictamente 1,6 minutos cada kilómetro. Esta técnica puede funcionar incluso para maratonianos de 4 horas, y te dejará la misma sensación de frescura que si sólo hubieras corrido medio maratón.

3 No derroches una valiosa energía intentando desmarcarte de la multitud durante los 3 primeros kilómetros. Considéralo como un calentamiento natural.

4 Mantente detrás, especialmente en los primeros kilómetros. Sólo si llegas al kilómetro 32 sintiéndote bien, debes considerar la posibilidad de acelerar.

5 Bebe en cualquier oportunidad, incluso si ello significa un alto ocasional. La deshidratación es uno de los principales factores para la «pájara».

6 Proponte reemplazar hasta 600 calorías de energía en la carrera, con barritas o bebidas energéticas. Asegúrate de haberlas probado previamente en el entrenamiento.

7 Cruza la meta con una increíble sensación de orgullo. Completar un maratón es un acontecimiento sensacional.

...perder peso y mantenerlo

Lamentablemente no hay secretos para perder peso: simplemente tienes que quemar más calorías de las que ingieres. La mala noticia es que no hay atajos, no importa lo que trate de afirmar la industria dietética. La buena noticia es que combinar un ejercicio regular y sensato con una dieta razonablemente sana te proporcionará mejores resultados a largo plazo que cualquier otro método. Y perder peso con un plan basado en el ejercicio tampoco te hará parecer mejor. Todo tu cuerpo será más sano y más eficiente, y adquirirás la confianza que acompaña a lograr algo de modo regular. Los mejores resultados se consiguen con moderación y con una actitud positiva.

cómo comer para perder peso

■ Podrías trazarte un plan detallado de alimentación basado en el cálculo de tus necesidades diarias de calorías, pero como primer paso es mejor considerar honradamente lo que comes en un día típico, y decidir mejorar un aspecto cada dos semanas. (Ver págs. 24-25 para más información sobre tipo de alimentos).

■ Procura sustituir productos tales como chocolate y patatas fritas por fruta, frutos secos, barritas de zanahoria o panecillos. Tenlos cerca de ti en el trabajo y en casa. Del mismo modo, sustituye una o dos comidas a la semana basadas en carne roja por otras opciones vegetarianas. (Ver págs. 26-27 sobre consejos para una dieta equilibrada).

■ Come poco y con frecuencia a lo largo del día, y no intentes comer exageradamente en las horas típicas de comida. Tu cuerpo procesa el alimento mucho más eficazmente en pequeñas cantidades.

■ Evita dietas caprichosas. No importa cómo se presenten, muchas de ellas consiguen resultados rápidos simplemente reduciendo la ingesta de calorías a un nivel insano. Ésta es la razón por la cual frecuentemente acabas recuperando el peso cuando tu cuerpo exige un regreso a lo que considera ingesta normal de calorías. Para una pérdida de peso sana y sostenida, fíjate el objetivo de un déficit diario de no más de 1.000 calorías; preferiblemente de 500 calorías.

los cinco puntos esenciales para perder peso

1 Hazlo todo con moderación. Eso significa no utilizar dietas de choque y no tratar de correr ocho kilómetros en tu primera carrera.

2 Entrénate para correr de modo lento pero regular; una rutina es esencial.

3 Fíjate objetivos específicos y alcanzables, tanto para tu carrera como para tu pérdida de peso, y prémiate por conseguirlos.

4 Haz los cambios en tu dieta uno por uno, y no renuncies a todo lo que te guste.

5 Ten paciencia. Haz ejercicio y come mejor, y perderás peso, aunque eso lleve tiempo.

cómo hacer ejercicio para perder peso

■ Empieza con pequeñas dosis alternativas de caminar y de trotar –incluso tan reducidas como caminar dos minutos y trotar un minuto, repetidamente durante 30 minutos–. Acabarás haciendo mucho más ejercicio en cada sesión que si intentases trotar sin parar, y el tiempo pasado haciendo ejercicio es lo que quema calorías y disminuye peso.

■ Dedica un par de semanas a caminar de modo regular e intenso antes de comenzar a correr, y si estás más del 20 por ciento por encima de tu peso ideal, practica ejercicio regular que no implique soporte de peso, tal como el ciclismo o la natación.

■ Asume un compromiso. Lo ideal es seguir un programa (tal como los descritos en este libro) que proporcione variedad y progresión. Decide que al menos correrás de 20 a 30 minutos seguidos, tres o cuatro veces a la semana. Todo lo que exceda de esto será un plus.

■ Sigue una rutina. Planificar tus carreras los mismos días y a las mismas horas facilitará las cosas. Todos los corredores saben que es casi inevitable que una carrera dejada al azar no se realice.

■ ¡Disfruta corriendo! Goza del tiempo disponible y de la oportunidad de correr en lugares tranquilos. Y si puedes correr junto con un amigo, aprovecharás mejor el tiempo. Si tu ritmo de carrera no te permite disfrutar, ¡ve más despacio!

...disfrutar corriendo durante el resto de tu vida

Es un privilegio poder correr. Por tanto debes estar agradecido por ello y estar orgulloso de cada pequeño paso que avances hacia este objetivo. He aquí cómo seguir sano, motivado y realizado durante toda una vida de carreras satisfactorias y eficaces.

fíjate el ritmo
Corre a tu propio ritmo, cualquiera que sea. Corre siempre ajustándote a tu nivel de forma física.

sociabiliza
Corre con amigos –sin duda éste es el mejor consejo–. Así os motivaréis mutuamente y disfrutaréis del tiempo del entrenamiento.

estimúlate
Recuerda qué es lo que te gusta de la carrera, y aprecia ese sentimiento. Anota si cada carrera te hace sentirte mejor o peor que antes de salir. Los resultados hablarán por sí mismos.

colabora
Ayuda a dirigir algunas carreras, aprende a ser entrenador o a participar más activamente en tu club local de atletismo. Te sentirás más útil y ejercerás un impacto positivo sobre otros corredores.

marca objetivos
Márcate nuevos objetivos. Procura abordar una distancia o una disciplina que no hayas probado nunca antes, tal como un ultra-maratón (una carrera superior a la distancia de un maratón), o una carrera de orientación de dos días.

disfruta con la variedad
Intenta no hacer la misma carrera más de dos veces a la semana. Lo ideal es mezclar trabajo de velocidad, carreras largas y carreras de recuperación superrelajadas y, si puedes, escoge una gama de rutas alternando carretera y fuera de carretera.

competición
Participa en competiciones; sirven para señalar tus progresos de modo sustancial y con entera confianza.

sé tú mismo
Finalmente, sé sólo el corredor que deseas ser. Es un privilegio poder correr. No dejes que nadie te diga que tienes que disfrutar de ese privilegio de una manera determinada.

glosario

CARBOHIDRATOS COMPLEJOS: Alimentos formados por moléculas de cadena larga. A menudo liberan energía lenta y sostenida. (*Ver* Índice glucémico).

CARBOHIDRATOS SIMPLES: Alimentos formados por moléculas individuales. A menudo liberan energía en máximos cortos. (*Ver* Índice glucémico).

CARRERAS DE RECUPERACIÓN: Carreras suaves diseñadas para conseguir recuperar el tono muscular, eliminar toxinas y quemar calorías. Generalmente se programan para los días posteriores a carreras o competiciones duras.

FARTLEK: «Juego de velocidad»: cambios de ritmo rápidos y lentos de duración aleatoria durante una carrera normal.

FRECUENCIA CARDIACA DE REPOSO: Tu frecuencia cardiaca normal más baja; es mejor tomarla justo después de levantarse.

FRECUENCIA CARDIACA DE TRABAJO: La gama completa de tu frecuencia cardiaca, entre tus pulsaciones en reposo y las máximas.

FUERA DE CARRETERA: Senderos, pistas forestales, prados... todo terreno que no esté asfaltado. En su sentido más estricto significa seguir la línea más recta posible a través del campo.

ÍNDICE GLUCÉMICO: Una medición de la rapidez con que los alimentos liberan su energía en el cuerpo.

INTENSO: Ritmo más rápido que el de conversación, pero no tan rápido como para dejarte jadeante. Alrededor del 85 por ciento de tu frecuencia cardiaca de trabajo o ritmo del medio maratón.

LENTO: Un ritmo al cual puedes sostener cómodamente una conversación. Es la mejor velocidad para carreras de recuperación; por debajo del 65 por ciento de tu frecuencia cardiaca de trabajo.

MARCHA: También llamado modo de andar o trotar, es el movimiento del cuerpo durante la carrera. Más específicamente, es el movimiento del pie y del tobillo, desde el aterrizaje sobre el talón hasta el impulso a partir de los dedos de los pies.

PRONACIÓN: Giro natural hacia dentro del pie y del tobillo durante la carrera y el caminar. Ocurre justo después de que el talón aterriza sobre el suelo, y es esencial para absorber el choque. (*Ver* también Superpronación y Subpronación).

PRONACIÓN EXCESIVA: Excesivo giro hacia dentro del pie y del tobillo durante el ciclo de marcha. Es común, pero si no se corrige puede conducir a lesiones relacionadas con el cansancio.

RÁPIDO: Ritmo al cual acabas una carrera de entrenamiento sintiendo que no podrías haber dado más de ti. Alrededor del 85-90 por ciento de tu frecuencia cardiaca de trabajo, o ritmo de la carrera de 5.000 o de 10.000 m.

RECUPERACIONES: Intervalos de reposo entre esfuerzos rápidos en el trabajo de velocidad. Idealmente, un trote lento que permite que tu frecuencia cardiaca baje a 120-130.

REPETICIÓN: Periodos de carrera rápida durante una sesión de velocidad.

SUBPRONACIÓN: Giro inadecuado hacia dentro del pie y del tobillo durante el ciclo de marcha. Si no se corrige con zapatillas que estimulen el movimiento del pie, puede conducir a lesiones relacionadas con el impacto.

TRABAJO DE VELOCIDAD: Sesiones de entrenamiento estructuradas a ritmo rápido, diseñadas para elevar la forma, y correr con velocidad y economía. Generalmente se compone de esfuerzos rápidos alternados con recuperaciones lentas.

UNIFORME: Ritmo al cual puedes completar una carrera larga de entrenamiento. Sólo justo conversacional; alrededor del 75 por ciento de tu frecuencia cardiaca de trabajo o ritmo de carrera de maratón.

ZANCADAS: Series de carreras intensas de 100 m a paso largo para calentar las piernas y elevar la frecuencia cardiaca antes de una sesión de competición o de velocidad.

índice alfabético

el autor

Sean Fishpool es un corredor de fondo con muchos años de experiencia, especializado en el entrenamiento y la motivación de los principiantes. Durante los últimos años ha trabajado como editor, escritor especializado y probador de productos para la revista británica Runner's World. Sean corre de cinco a seis veces por semana y ha corrido en todas las distancias desde una milla a un maratón completo. Ha completado ocho maratones, incluyendo el de Great Wall y el Swiss Alpine Mountain, con un mejor tiempo de 3:01. Sean disfruta entrenando a los principiantes y trabajando con ellos, y durante los últimos años ha preparado a gran número de lectores de Runner's World para el maratón de Londres.